EXPERIMENTOS SENCILLOS SOBRE LAS LEYES DE LA NATURALEZA

Glen Vecchione

Ilustraciones de Horacio Elena

ONIRO

Dedicatoria
Para Briana y Nicholas.

COLECCIÓN DIRIGIDA POR CARLO FRABETTI

Títulos originales: *100 First-Prize Make-It-Yourself Science Fair Projects* (selección páginas: 134-161 y 181-200) y *100 Award-Winning Science Fair Projects* (selección páginas: 125, 128, 134-141 y 144-145) Publicados en inglés por Sterling Publishing Co., Inc., New York

Traducción de Irene Amador

Diseño de cubierta: Valerio Viano

Ilustración de cubierta e interiores: Horacio Elena

Distribución exclusiva:
Ediciones Paidós Ibérica, S.A.
Mariano Cubí 92 – 08021 Barcelona – España
Editorial Paidós, S.A.I.C.F.
Defensa 599 – 1065 Buenos Aires – Argentina
Editorial Paidós Mexicana, S.A.
Rubén Darío 118, col. Moderna – 03510 México D.F. – México

Quedan rigurosamente prohibidas, sin la autorización escrita de los titulares del *copyright*, bajo las sanciones establecidas en las leyes, la reproducción total o parcial de esta obra por cualquier medio o procedimiento, comprendidos la reprografía y el tratamiento informático, y la distribución de ejemplares de ella mediante alquiler o préstamo públicos.

© 1998, Sterling Publishing Co., Inc., New York
© 2001, Sterling Publishing Co., Inc., New York

© 2002 exclusivo de todas las ediciones en lengua española:
Ediciones Oniro, S.A.
Muntaner 261, 3.° 2.ª – 08021 Barcelona – España
(oniro@edicionesoniro.com - www.edicionesoniro.com)

ISBN: 84-9754-025-5
Depósito legal: B-32.053-2002

Impreso en Hurope, S.L.
Lima, 3 bis – 08030 Barcelona

Impreso en España – *Printed in Spain*

Agradecimientos

Quiero dar las gracias a cuantos me han ayudado
a diseñar y ensayar los experimentos de este libro:

Holly, Rick y R. J. Andrews
Lenny, Claire y Kyrstin Gemar
Cameron y Kyle Eck
Lewis, Hava y Tasha Hall
Jeri, Bryan y Jesse James Smith
Tony y Kasandra Ramirez
Joe, Kate y Micaela Vidales
Debbie y Mark Wankier
Stephen Sturk
Nina Zottoli
Eric Byron
Andy Pawlowski

Vaya también mi especial agradecimiento para
mi amigo David Lee Ahern

Y como siempre,
para Joshua, Irene y Briana Vecchione

Índice

Leyes de la naturaleza   **7**
El puente más fuerte • Midiendo la presión
atmosférica • El péndulo de Foucault • Bebederos
para mascotas con autollenado • Velocidad de escape
• Equilibrio Tierra - Luna • Campo magnético 3-D •
Pulidora de rocas casera • Suelo deslizante • La
cintura de la Tierra • Objetos atrayentes • Flujograma
ferromagnético • Muelle magnético • Movimiento de
engranajes

Volar, flotar y hundir   **61**
«Visionador» de cometas • Pantalla para probar
aeroplanos • Indicador de profundidad • Diseño de
cascos hidrodinámicos • ¿Por qué una cometa es como
un barco de vela? • Molinetes y paracaídas • Barco de
arcilla

Mecánica y movimiento   **101**
Un paseo corto con un globo de helio • Descubriendo
áreas de superficie mínima • Modificación de la
tensión superficial con una pastilla de jabón •
Comparación de la fricción estática y la deslizante •
Conservación del impulso angular • «Rebotabilidad»

Leyes de la naturaleza

El puente más fuerte

Midiendo la presión atmosférica

El péndulo de Foucault

Bebederos para mascotas con autollenado

Velocidad de escape

Equilibrio Tierra - Luna

Campo magnético 3-D

Pulidora de rocas casera

Suelo deslizante

La cintura de la Tierra

Objetos atrayentes

Flujograma ferromagnético

Muelle magnético

Movimiento de engranajes

El puente más fuerte

Material necesario
8 tiras de cartón fino
Cartón ondulado
2 pilas de libros de la misma altura
Un frasco pequeño
Un cubo de arena
Cinta adhesiva
Pegamento
Una cuchara (15 ml)
Una regla

Los puentes que vemos hoy en día son fruto de un largo proceso de perfeccionamiento en su diseño, llevado a cabo mediante el sistema de prueba-error. Algunos especialistas consideran que la forma de un material es incluso más importante que su resistencia natural. En la actualidad, los ingenieros utilizan materiales muy ligeros para construir puentes muy sólidos.

PRIMERA PARTE
Puente hundido

Procedimiento
1. Separa las dos pilas de libros y coloca encima una de las tiras de cartón, salvando el espacio entre ambas.
2. Pon a prueba este puente *viga*, colocando en el centro el frasco vacío.

Resultado

Esta sencilla prueba imita a los experimentos que se llevaron a cabo con los puentes más antiguos: una tabla sobre el agua. Pero el puente de cartón se derrumba pronto por el peso del frasco.

SEGUNDA PARTE
Puente de arco

Procedimiento
1. Quita el frasco y vuelve a colocar una tira de cartón entre las dos pilas de libros.
2. Coge una segunda tira de cartón y colócala doblada en forma de arco entre las dos pilas de libros, de manera que presione contra éstos y hacia arriba contra la tira horizontal.
3. Prueba este nuevo diseño de *arco*, colocando el frasco en el centro.
4. Con la cuchara, llena el frasco de arena y observa el puente.

Resultado
El puente soporta con facilidad el peso del recipiente. La primera tira de cartón comprime a la segunda tira y le da mayor fuerza. Sin embargo, al incrementarse el peso la parte superior del arco empieza a combarse.

TERCERA PARTE
Puente con entramado triangular

Procedimiento
1. Dibuja en una tira de cartón un rectángulo con las siguientes medidas: 30 × 10 cm.
2. Dobla en tres la tira de cartón a lo largo en forma de un triángulo hueco y pega los extremos.
3. Pega esta pieza longitudinalmente en el extremo de

otra tira de cartón (de 30×20 cm) y deja que el pegamento seque.

4. Prueba este diseño de *entramado*, llenando el recipiente con arena como antes. Observa los cambios en el puente.

5. Recorta dos tiras del cartón ondulado, aproximadamente del mismo tamaño que las tiras anteriores. Antes de cortar las tiras, observa con atención los bordes del cartón ondulado. Dos de los bordes muestran la ondulación. Corta las tiras longitudinalmente a estos bordes.

6. Coloca una tira de cartón bajo la tira ondulada, observa los diferentes grosores.

7. Pega varias tiras de cartón hasta que obtengas una tira de un grosor aproximadamente igual al del cartón ondulado. Deja que sequen.

8. Coloca las tiras pegadas sobre las dos pilas de libros y pon encima, en el centro del puente de cartón, el frasco vacío.

9. Despacio y poco a poco, añade arena al frasco; deja de añadir arena con la cuchara antes de que el puente se derrumbe.

10. Reemplaza las tiras de cartón pegadas por la de cartón ondulante, coloca el frasco vacío como antes.

11. Añade arena lentamente, contando las cucharadas. Observa los cambios que se producen en el puente.

Resultado

El puente con diseño de entramado soporta el peso del frasco lleno de arena, sin mostrar signos de deformación. La razón reside en el diseño triangular del largo entramado. El puente con las tiras de cartón pegadas resiste el peso del frasco vacío, aunque se dobla ligeramente. El puente queda reforzado con el cartón ondulado, que te muestra la resistencia de este tipo de material.

Explicación

De todos tus diseños de puentes (viga, arco y entramado triangular), el triángulo es una de las formas más resistentes para soportar peso, porque distribuye muy bien las presiones. Puedes encontrar entramados triangulares en muchos lugares insospechados.

Despega con cuidado la capa superior de la segunda tira de cartón ondulado y descubrirás la razón de su mayor resistencia. Observa las *ondulaciones,* pequeños tubos triangulares que recorren la tira de forma longitudinal. Como puedes ver, el cartón ondulado (como cualquier otro material ondulado) utiliza un diseño de entramado modificado para lograr mayor resistencia. ¿Recuerdas la importancia que prestamos al hecho de cortar las tiras en forma longitudinal, siguiendo las ondulaciones? ¿ Qué le sucedería al puente si las ondulaciones corrieran a lo ancho?

Midiendo la presión atmosférica

Material necesario
Un muelle o la escala de una balanza
Un desatascador de goma pequeño
Un tornillo con gancho
Un cubo con asa
Grava de jardinería
Una taza
Un recipiente con agua
Una mesa pequeña
4 ladrillos (opcional)
Tablón
Lápiz y cuaderno
Una regla

Este experimento te permitirá calcular la *presión atmosférica*, comprimiendo un desatascador de goma.

La *presión atmosférica* es el peso de una columna de aire que ocupa toda la altura de la atmósfera. Nosotros no sentimos esta presión porque el cuerpo humano se ha ido ajustando a ella por el proceso de evolución. Los científicos sólo pueden medir la presión atmosférica al comprobar el efecto que produce sobre algunos objetos.

PRIMERA PARTE

Prueba del desatascador

Procedimiento

1. Sostén el desatascador contra la parte interior de la mesa. Si el extremo del palo queda a una distancia inferior a 60 cm del suelo, eleva la mesa colocando las patas sobre 4 ladrillos.

2. Pide ayuda a una persona mayor para introducir el tornillo con garfio en el extremo del palo del desatascador.

3. Introduce la campana del desatascador en el recipiente con agua e inmediatamente presiónalo contra la parte interior de la mesa.

4. Ata la escala de la balanza al garfio del tornillo del palo y ata también el asa del cubo a la escala.

5. Anota el peso del cubo vacío.

6. Añade 1 taza de grava al cubo. Continúa observando el peso del cubo hasta que el desatascador se desprenda.

7. Apunta el peso final.

SEGUNDA PARTE

Cálculos del desatascador

Procedimiento

1. Necesitas conocer la superficie de la campana del desatascador para poder calcular la presión atmosférica que actúa sobre él. Sitúa el desatascador so-

bre el tablón y con la ayuda del rotulador traza un círculo alrededor de la copa.

2. Con la ayuda del lápiz y la regla, traza un cuadrado que contenga al círculo (deben tocarse en cuatro puntos, es decir, en los extremos de los diámetros vertical y horizontal del círculo). Haz una señal cada tramo de 2,5 cm en cada uno de los lados del cuadrado y dibuja líneas que conecten por el interior estas marcas. Finalmente, obtendrás una parrilla de cuadrados de 2,5 cm de lado sobre la mayor parte del círculo.

3. Cuenta el número de cuadrados que están completamente cubiertos por el círculo.

4. Enumera el número de cuadrados parcialmente cubiertos por el círculo y anota las fracciones que obtengas: las más cercanas a los puntos de contacto (8 en total) equivaldrán a ¾ partes del cuadrado de 2,5 cm, y las intermedias entre éstas (4 en total) equivaldrán a la mitad.

5. Suma las fracciones de cuadrado de modo que obtengas un nuevo total de cuadrados de 2,5 cm en tu parrilla. Este nuevo número representa la superficie real de la copa del desatascador.

6. Toma el último peso que anotaste antes de que el desatascador se cayera y divídelo por el nuevo número total de cuadrados. Anota el resultado de la división (cociente).

Resultado

El cociente representa la *presión atmosférica por pulgada cuadrada* sobre la campana de tu desatascador. (Si dibujas una parrilla de cuadrados de 1 cm de lado, obtendrás la presión por centímetro cuadrado.)

Explicación

Cuando ejerces una presión sobre la campana del desatascador creas un vacío parcial. Aunque la sensación que obtienes es que el desatascador se pega a la parte inferior de la mesa, en realidad es la tremenda presión de la atmósfera de la Tierra lo que lo para. Al empapar el desatascador en el recipiente con agua, creas un mejor sellado alrededor del borde de la campana, de modo que hay menos aire deslizándose hacia dentro. Sin embargo, antes o después el aire se deslizará bajo los bordes de la campana y llenará el vacío. De nuevo, la presión del aire en el interior y exterior de la campana será la misma, y el desatascador caerá al suelo, atraído por la gravedad.

¿Lo sabías?

El primero y probablemente el más famoso de los experimentos realizados con un desatascador fue realizado en 1652 por Otto Von Guericke en la ciudad de Magdeburgo (Alemania). Este científico aficionado ostentaba también el puesto de alcalde de la ciudad, lo que le permitió llevar a cabo la representación del vacío de un globo en la plaza de la ciudad, sin mayores problemas. De hecho, el globo no necesitó más que la presión de dos desatascadores para vaciarse de aire. Pero el resultado del vacío fue tan fuerte que los caballos que estiraban de la bola no pudieron separar sus dos mitades. Von Guericke se hizo famoso gracias a este experimento y el emperador germánico le recompensó generosamente.

El péndulo de Foucault

Material necesario

Una botella de plástico de 2 litros con tapa de rosca
Arena fina blanca (suficiente para llenar la botella)
Un rollo de cordón de nailon fuerte
Un clavo pequeño
Un lápiz con punta afilada
Un martillo
Tijeras
Cinta adhesiva
Un embudo
Una sábana vieja oscurecida o de color oscuro
Una escalera plegable alta o acceso a un lugar
    desde el que oscile la botella

La construcción de una versión simple del péndulo de Foucault, cuyo nombre hace honor al físico francés Jean Foucault, te ayudará a demostrar la rotación de la Tierra.

Sabemos que la Tierra se mueve bajo nuestros pies. La salida y la puesta del Sol nos ayudan a tomar conciencia de este movimiento. En 1851, Foucault diseñó un ingenioso mecanismo que le permitió demostrar la rotación de la Tierra y fascinar a su audiencia.

Procedimiento

1. Pide a una persona mayor que con el clavo haga cuatro agujeros espaciados en la base de la botella. Agranda cada agujero con el lápiz.

2. Quita la tapa de la botella y con el martillo y el clavo perfora un agujero en el centro del tapón. Cubre
el agujero con un trozo de cinta adhesiva de modo
que luego puedas quitarla fácilmente.

3. Corta dos trozos del cordón de nailon de una longitud
aproximada de 45 cm. Introduce con cuidado uno de
los trozos de cordón por dos agujeros opuestos en
diagonal en el fondo de la botella y repite la misma
operación con el segundo trozo de cordón. Los cordo-
nes deben entrecruzarse en el interior de la botella.

CONSEJO: Si te resulta difícil introducir el cordón a través de ambos agujeros, estira un clip y pega con cinta adhesiva uno de los extremos del cordón. Introduce el clip por uno de los agujeros y deslízalo por el interior de la botella hasta que consigas sacarlo por el agujero opuesto y sacar el extremo del cordón.

4. Pon un trozo de cinta adhesiva sobre cada uno de los agujeros. Asegúrate de que la cuerda quede pegada en la misma posición, señalando hacia el fondo de la botella.

5. Inserta el embudo en la boca de la botella y vierte la arena blanca. La arena de la playa sirve para este experimento, pero asegúrate de quitar los guijarros o las plantas que pudieran introducirse por los agujeros. La botella debe quedar prácticamente llena de arena.

6. Pide a una persona mayor que dé la vuelta a la botella y la sostenga. Ata los cuatro cabos del cordón que penden del fondo de la botella (ahora la parte superior).

7. Luego, levanta la botella por el nudo y asegúrate de que cuelgue *recta y hacia abajo*. Si no se mantiene así, ajusta el nudo o la longitud de las cuerdas. Ata el rollo de cordón del nudo.

8. Para que tu péndulo indique la rotación de la Tierra, tienes que colgarlo de una altura no inferior a 3 m. Pide a una persona mayor que ate el cordón de nailon del centro de una escalera plegable, si tienes una lo suficientemente alta. En caso contrario, utiliza algún lugar del que puedas colgar la botella, pero teniendo en cuenta que debe quedar una distancia con respec-

to al suelo de al menos 7,5 cm. Corta el cordón de nailon cuando hayas hecho el nudo y estés seguro de que has colgado el péndulo de forma correcta.

9. Extiende la sábana bajo el péndulo, alisándola todo lo que sea posible.

10. Coge el péndulo y anda con él, manteniendo la cuerda extendida hasta que esté a la misma altura de tu barbilla. Quita el trozo de cinta adhesiva que cubría el tapón y suelta el péndulo.

Resultado

El péndulo oscila, trazando una línea sobre la sábana. Al continuar la oscilación, la línea parece desviarse ligeramente hacia la derecha. Pero sólo podrás apreciar este efecto si el péndulo se balancea al menos durante 15 minutos. *Con mucho cuidado* empuja el péndulo cada tres vueltas completas, pero debes hacerlo asegurándote de empujar con suavidad y manteniéndolo recto para evitar que se desvíe de su curso. Tu paciencia será recompensada, puesto que la desviación que empezarás a apreciar se corresponde con la ¡rotación de la Tierra!

Explicación

En el hemisferio norte, la desviación se produce hacia la derecha porque la rotación de la Tierra introduce una nueva fuerza en la tendencia natural del péndulo a oscilar hacia atrás y adelante sin cambiar la dirección. Este movimiento natural atrás y adelante está basado en dos cosas: la dirección desde donde se inició la oscilación y la atracción de la gravedad. Foucault demostró que una *tercera fuerza*, la rotación de la Tierra, estaba actuando sobre el péndulo, ya que había cambiado el sentido del movimiento.

La desviación del péndulo depende de la distancia con respecto al Ecuador. En el Polo Norte, el péndulo trazará un círculo completo cada 24 horas. En el Ecuador no se moverá.

¿Lo sabías?

Los péndulos muestran con mayor claridad la rotación de la Tierra junto a los polos. En la catedral de San Isaac en San Petersburgo (Rusia) un enorme péndulo que pesa cientos de kilos entretiene a los visitantes desde hace muchos años. A medida que el péndulo rota, derriba pequeños bolos colocados en los laterales. Los científicos mantienen el balanceo del péndulo con la ayuda de poderosos electroimanes.

La oscilación de un péndulo en el hemisferio sur sufrirá una desviación en la dirección opuesta. La rotación de la Tierra se produce en el sentido contrario al de las agujas del reloj.

Bebederos para mascotas con autollenado

Material necesario
Un recipiente para agua con fondo grueso
   o una bandeja de horno desechable
Un frasco grande (sin tapa)
Una tapa de plástico
2 trozos de madera de 2,5 × 2,5 cm
Cinta eléctrica
Una regla
Agua

Si tienes una mascota que necesita agua con regularidad, puedes construir este bebedero que se autollenará con la sencilla ayuda de la presión atmosférica y de un recipiente colocado en un lugar más alto. Puedes necesitar la colaboración de una persona mayor.

Procedimiento
1. Antes de comenzar, coloca el frasco y el bebedero para la mascota uno junto a otro.
2. Con la regla mide el diámetro de la boca del frasco.
3. Sitúa en el centro del bebedero los dos trozos de madera, separados por la distancia del diámetro de la boca del frasco.
4. Pega los trozos de madera con cinta eléctrica al fondo del bebedero. Utiliza la menor cantidad de cinta posible.

5. Llena el bebedero con agua hasta que cubra los trozos de madera (unos 10 cm aproximadamente).
6. Llena el frasco grande hasta el borde con agua.
7. Coloca la tapa de plástico sobre la boca del frasco.
8. Mientras sostienes la tapa de plástico sobre la boca del frasco, pide a una persona mayor que dé la vuelta al frasco, muy despacio, hasta quedar boca abajo. La tapa debe quedar contra el fondo del frasco.

9. Con cuidado, traslada el frasco al bebedero y deposítalo de modo que la tapa quede presionada bajo el agua, pero sin tocar la madera.

10. Despacio, quita la tapa de la boca del frasco y deja que repose sobre los dos trozos de madera.

11. Cuando se ajuste el nivel de agua del bebedero y desaparezcan las burbujas del frasco, quita con cuidado la cinta de los trozos de madera.

Resultado

Al quitar la tapa de plástico y maniobrar el frasco, algo de agua puede caer al bebedero desde el frasco. Pero el flujo termina cuando el nivel del agua alcanza la boca del frasco y hay más cantidad de agua en el frasco que en el bebedero.

Explicación

La presión atmosférica sobre el agua del bebedero mantiene el frasco lleno. Hay menos presión en el frasco porque hay menos aire, de modo que el nivel de agua interior es mayor. Pero a medida que tu mascota vaya bebiendo agua, la cantidad de aire que fluye hacia el frasco será mayor y al incrementarse la presión forzará a que el agua caiga y descienda su nivel.

Velocidad de escape

Material necesario

Un tubo de plástico de unos 60 cm de longitud
Papel adhesivo para forrar
4 cuadrados de corcho de 30 × 30 cm
Chinchetas
Pegamento
Canicas
Plastilina
Tijeras

Uno de los retos más importante que han de salvar los viajes espaciales es la construcción de cohetes lo suficientemente potentes como para superar la fuerza de la gravedad de la Tierra. Este proyecto te permitirá simular lo que los científicos denominan *velocidad de escape*.

Procedimiento

1. Pon pegamento en los bordes de los cuadrados de corcho y pégalos formando un cuadrado de mayor tamaño.
2. Corta un círculo de 15 cm de diámetro de papel adhesivo.
3. Con cuidado, retira el fondo del círculo y colócalo (con el lado pegajoso hacia arriba) junto a uno de los bordes del cuadrado de corcho. Clava el círculo con chinchetas para evitar que se deslice sobre el corcho.

4. Corta el extremo del tubo de plástico en forma de ángulo. Coloca el extremo en ángulo contra el lado adhesivo del papel.

5. Utiliza la plastilina para aumentar el extremo del tubo de plástico de modo que la superficie interior del tubo esté al mismo nivel que el papel adhesivo.

6. Apoya el otro extremo del tubo de plástico sobre un libro.

7. Deja que caiga una canica sobre el extremo inclinado del tubo.

8. Observa el comportamiento de la canica al caer desde el tubo al papel adhesivo.
9. Eleva el extremo inclinado del tubo y repite el paso 7; observa con atención.
10. Levanta aún más el extremo inclinado y repite el paso 7; mira con atención.

Resultado

La primera canica sale del tubo y rueda sólo una pequeña distancia sobre el papel adhesivo. La segunda canica recorre una distancia mayor pero se queda también pegada al papel. La tercera canica rueda con mayor rapidez, su velocidad es frenada por el papel adhesivo y continúa su trayectoria rodando sobre el corcho.

Explicación

Cuando el ángulo del tubo de plástico es lo suficientemente inclinado como para permitir que la canica gane velocidad, ésta pasará sobre el papel adhesivo y caerá en el corcho. Al aumentar el ángulo de inclinación del tubo se incrementa la velocidad de la canica. Finalmente, la *velocidad de escape* de la canica es mayor que la «gravedad» del papel adhesivo, de modo que la canica viaja hacia delante en el «espacio».

¿Lo sabías?

En un futuro no muy lejano, los científicos de algunas naciones construirán una estación espacial permanente. Esta estación no permanecerá en la órbita de la Tierra como un satélite, sino que avanzará con la rotación de la Tierra. Algunos científicos creen que podrían construir una especie de ascensor gigante electromagnético, y para evitar desperdiciar combustible, obtendrían materiales de construcción del espacio. El ascensor subiría por un cable, anclado en uno de sus extremos a la Tierra y en el otro a la estación espacial.

Equilibrio Tierra - Luna

Material necesario
Plastilina
Cuerda
Tijeras
Lápiz
Regla

En el espacio hay muchos cuerpos que giran en órbitas: el Sol se mueve en una órbita suave alrededor del centro de la galaxia, los planetas en torno al Sol y las lunas en torno a los planetas.

Lo que quizá no sepas es que el movimiento de un cuerpo alrededor de otro genera problemas matemáticos difíciles de resolver.

Por poner un ejemplo, el hecho de que dos cuerpos que se mueven en órbita, un planeta y una luna, tengan un punto (que se denomina su *baricentro)* como centro gravitatorio de sus órbitas combinadas. Este experimento te lo demuestra gracias al equilibrio de dos esferas de plastilina.

Procedimiento
1. Corta un trozo de cuerda de unos 30 cm y ata el lápiz, por la punta, a unos 2 o 3 cm de uno de los extremos.
2. Haz una bola de plastilina en el extremo de la cuerda cerca del lápiz; añade plastilina hasta que la bola tenga el tamaño de una pelota de béisbol. Asegúrate

de que la bola sobresalga del lápiz y la cuerda salga del interior de la esfera.

3. Añade un trozo de plastilina del tamaño de una canica al otro extremo del lápiz, donde suele estar la goma de borrar.

4. Cuelga de la cuerda tu modelo de Tierra y Luna.

Resultado

El lápiz se extenderá horizontalmente. Si el lápiz se inclina en cualquier dirección, deberás añadir plastilina a la Luna o quitarla de la Tierra.

Explicación

El punto dentro de la esfera donde la cuerda se conecta al lápiz representa el centro gravitatorio de las órbitas de la Tierra y la Luna. Este punto está situado a unos 4.352 km bajo la superficie de la Tierra en el lado que mira hacia la Luna.

Campo magnético 3-D

Material necesario
Un frasco ancho con tapa
Aceite mineral
Limaduras de hierro
Una cuchara
2 imanes

Es fácil crear una representación de un campo magnético utilizando limaduras de hierro, un imán y una hoja de papel blanco. Pero las líneas de fuerza magnéticas, en realidad, se mueven hacia fuera, en muchas direcciones y no sólo a lo largo de una superficie plana. Con este experimento lograrás observar un campo magnético en tres dimensiones, gracias a la suspensión de limaduras de hierro en aceite mineral.

Procedimiento
1. Llena el frasco casi hasta el borde con aceite mineral.
2. Añade unas 3 cucharadas (45 ml) de limaduras de hierro. Si todavía queda espacio libre en el recipiente, añade más aceite. Para evitar las burbujas, debes tener la menor cantidad posible de aire en el frasco.
3. Enrosca con cuidado la tapa y agita el frasco.
4. Coloca el recipiente sobre una superficie plana e inmediatamente mantén los extremos de los dos imanes contra el frasco, desde lados opuestos.

5. Da una vuelta completa a los imanes de modo que los extremos opuesto toquen el frasco. Observa la conducta de las limaduras de hierro en el aceite mineral.

Resultado

Al agitar el frasco, las limaduras de hierro se dispersan y mezclan en el aceite de forma aleatoria. Pero cuando sostienes los imanes contra el frasco, de repente, las partículas trazan líneas de atracción o repulsión magnética, dependiendo de cómo hayas situado los polos del imán. A diferencia de la electricidad, el magnetismo pasa fácilmente a través de muchos materiales, entre los que se incluyen el cristal y el aceite. Observa cómo las limaduras de hierro, suspendidas en aceite, se mueven en todas direcciones trazando claramente líneas de fuerza magnética. Este tipo de representación no se produce en una superficie lisa.

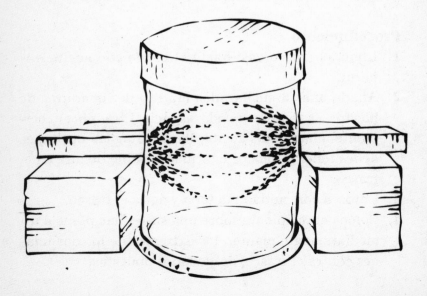

Pulidora de rocas casera

Necesitas
Una caja de zapatos con tapa
Yeso
Un cubo
Una bolsa de basura de plástico
Una toalla
Un martillo
Un frasco de cristal con tapa de rosca

Con un frasco de cristal, agua y algunas piedras puedes fabricar en casa una pulidora de rocas. Un proceso similar al de la erosión de las rocas en la naturaleza es el utilizado por los joyeros para pulir las piedras con la ayuda de un instrumento parecido a tu pulidora. La erosión se produce de diversas maneras: el roce del agua contra las rocas, el arrastre de partículas por las corrientes de agua y la fuerza del viento que lanza arena contra las piedras.

En las rocas blandas, como por ejemplo la caliza blanca o la piedra arenisca, es más fácil observar la acción de la erosión. Si puedes encontrar muestras de estas rocas en las cercanías del lugar en el que vives, rompe un fragmento y utilízalo. Si no fuera fácil, no te preocupes, el yeso endurecido será un buen sustituto.

Procedimiento
1. Mezcla yeso y agua en un cubo hasta que la mezcla quede muy espesa y dura.

2. Extiende el yeso en la tapa de la caja de cartón y deja que se endurezca.

3. Introduce la tapa en la bolsa de plástico y envuelve la bolsa con una toalla.

4. Con el martillo golpea la bolsa envuelta en la toalla para que se rompa el yeso.

5. Abre la bolsa y saca 25 «piedras», a ser posible de un tamaño semejante. Deja aparte una de las piedras e introduce el resto en el frasco de cristal.

6. Llena el frasco hasta la mitad con agua y enrosca la tapa.

7. Agita 100 veces el frasco y saca una de las piedras.

8. Agita el frasco otras 100 veces y saca una segunda piedra.

9. Agita de nuevo el frasco 100 veces más y saca una piedra. Agítalo en fases de 100 hasta llegar a 500, pero saca una piedra cada vez que termines los 100 agitados.

10. Compara todas las piedras, incluida la primera que dejaste sin introducir en el frasco.

Resultado

Cuanto más las agites, más lisas y redondas quedarán las piedras, de modo que la última que saques no se parecerá mucho a la primera que dejaste fuera. El agua del frasco está turbia y llena de pequeñas partículas de yeso.

Explicación

La pulidora de piedras hace la función de la naturaleza al forzar a las rocas a desgastarse unas contra otras hasta que quedan lisas. Al chocar las rocas entre sí, se desprenden pequeños fragmentos que se mezclan con el agua hasta que la propia agua se ha convertido en parte del proceso de erosión, una especie de líquido como el papel de lija. Los pulidores de rocas profesionales utilizan sus pulidoras durante semanas e incluso meses para

lograr alisar rocas duras como el granito o el cuarzo. Aunque parezca mucho tiempo, debes tener en cuenta que el trabajo de una pulidora durante un mes equivale a la erosión natural a lo largo de cien años.

Suelo deslizante

Necesitas

Transportador de ángulos
Un trozo de cartón rígido
Cuerda roja
Una tuerca pequeña de metal
Chinchetas
Una hoja de papel blanco
Una regla
Rotulador
Una tablilla sujetapapeles
Pegamento

El suelo que pisamos se mueve constantemente, aunque parezca inmóvil. Este proceso se observa mucho mejor en las laderas donde el suelo, en realidad, avanza en un lento flujo descendente. Este proyecto te enseñará a medir la cantidad de suelo deslizante que hay en una ladera, utilizando el transportador y un peso para determinar el grado de inclinación de los árboles, los postes telefónicos o cualquier objeto vertical. Anota tus resultados en una tabla.

Procedimiento

1. Pega el transportador al cartón de modo que el lado recto de aquél quede ajustado al borde superior del cartón.

2. Clava una chincheta en el agujero central del transportador.

3. Ata la tuerca a uno de los extremos de la cuerda roja y el otro extremo de la cuerda a la chincheta.

4. Con la regla y el rotulador traza una parrilla en la hoja de papel. Pega dos tiras de papel, una en el fondo y otra en un borde de la parrilla, en las que anotarás los grados y el número de objetos. Coloca la parrilla en el sujetapapeles para que puedas llevarla cuando salgas a realizar tus observaciones de campo.

5. Busca una colina en la que haya muchos objetos verticales, como por ejemplo, árboles, postes de cercas y de teléfonos.

6. Apoya el borde del cartón contra uno de los objetos y apunta el ángulo que señala la cuerda roja sobre el transportador.

7. Registra la información en tu tabla, apuntándola en una de las casillas de la parrilla.

8. Continúa midiendo los objetos inclinados hasta que hayas contabilizado al menos 50.

9. Sigue registrando datos hasta que tengas una indicación gráfica en forma de barra de los objetos inclinados.

Resultado

Tu tabla muestra, en forma de gráfico de barras, cuántos objetos has medido y su grado de inclinación. Cuanto mayor es el número de objetos inclinados, mayor es el deslizamiento hacia debajo de la tierra que los sostiene. Cuanto mayor es el grado de inclinación, más rápidamente se mueve el suelo.

Explicación

En un suelo deslizante, los materiales poco firmes descienden gradualmente en pendiente en vez de caer bruscamente, como sucede en los desprendimientos de tierra. La erosión se debe más a los movimientos suaves que de forma regular se producen en la mayor parte de las regiones del mundo que a los desprendimientos de tierra.

Como habrás observado, los ejemplos de desliza-
mientos están en todas partes: postes telefónicos, postes
de cercas, paredes de piedras, e incluso en las lápidas
que se inclinarán en la medida en que el suelo que las
sostiene se mueva. A veces estos objetos necesitan vol-
ver a encajarse cada pocos años para evitar que se cai-
gan. Los árboles muy jóvenes a veces se ajustan a la inclinación, doblándose hacia atrás sucesivamente. Pero
el resultado final es un tronco torcido que permanece
así durante toda la vida del árbol.

La cintura de la Tierra

Necesitas

Cartulina azul

Pegamento

Un palo de madera de 4 cm de diámetro

3 chinchetas azules

Aunque no puedas percibirlo, la Tierra gira a una gran velocidad. De hecho, una persona que viva en el Ecuador, donde se produce la mayor velocidad de rotación, recorre cada día unos 38.400 km. Divide esta velocidad por 24 horas y obtendrás el ratio de rotación de la Tierra, ¡que es de unos 1.600 km por hora!

Aunque solemos pensar en la Tierra como en una esfera sólida, esta fuerza de rotación en realidad la deforma, sobresaliendo en el centro y achatándose en los polos. Podrás comprobarlo si construyes el siguiente modelo.

Procedimiento

1. Corta dos tiras de cartulina de unos 60 cm de longitud y unos 4 cm de anchura.
2. Haz un círculo con cada tira, pegando sus extremos.
3. Encaja los círculos entre sí; un círculo debe cruzar a otro, de modo que juntos formen una especie de globo. Pégalos en el punto en el que ambos polos se solapan.
4. Aplica un poco de pegamento en un extremo del palo, y luego pega el globo por uno de sus polos. Con

cuidado, clava las tres chinchetas sobre el polo del globo que lo une al palo.

5. Deja que seque el pegamento. Luego mantén el palo delante de ti y estudia la forma del globo.

6. Coloca el palo entre las palmas de tus manos y frota las manos con rapidez. Mira lo que sucede. ¿Rotan todas las partes del globo a la misma velocidad? ¿Mantiene el globo su forma?

Resultado

El movimiento de tus manos produce el giro del palo y del globo, y la rotación es más rápida en el «ecuador» que en los «polos» del globo. Cuanto más rápido giras el globo, mayor es el aumento del ecuador y más achatado el de los polos.

Explicación

Ls *fuerza centrífuga* cambia la forma del globo por el giro de su eje, el palo. La fuerza centrífuga es la misma fuerza del movimiento que mantiene el agua en un cubo cuando lo haces oscilar por encima de tu cabeza o el que hace que te inclines a un lado cuando el coche que conduces gira repentinamente. La gravedad de la Tierra evita que salgamos despedidos hacia el espacio, lo que sucedería debido a la fuerza centrífuga. ¿Te imaginas el poder de esta fuerza que hace que a nuestra gigantesca Tierra le crezca la cintura?

¿Lo sabías?

Los científicos han descubierto otras fuerzas que afectan a la forma de la Tierra. Recientemente, la Inspección Geológica de Estados Unidos informó sobre un efecto denominado mareas terrestres, es decir, una elevación y descenso de la superficie *sólida* de la Tierra en respuesta a la atracción del Sol y la Luna. A lo largo del Ecuador, los científicos han medido unos 25 cm de diferencia entre las mareas terrestres más altas y más bajas.

Objetos atrayentes

Necesitas

Una caja de zapatos o una caja de cartón pequeña

Cartulina

Rotulador

Regla

Un imán en forma de barra o de herradura

Diversos objetos, por ejemplo, clips, encuadernadores de latón, un trozo de tiza, goma de borrar, canica, goma elástica, clavo, arandela, alfiler, llave, moneda, pila pequeña, bolígrafo, botón metálico, una lata, una chapa de botella, un tapón de rosca, un mondadientes

¿Qué tipo de objetos cotidianos se pegan a los imanes? Puedes estar seguro de que las latas, clavos y clips lo harán. Pero probablemente no estés tan seguro del comportamiento de llaves, joyas y chapas de botella. Este experimento te enseñará cómo recoger objetos y realizarles una prueba de atracción magnética. Te sorprenderán algunos resultados.

Procedimiento

1. Mide con la regla la anchura y la longitud de la caja.
2. Divide longitudinalmente la caja en tres espacios. Marca unas líneas desde el borde superior al inferior de la caja, para dividirla en tres secciones iguales. Por ejemplo, si tu caja mide 30 cm de longitud, deberás hacer dos marcas cada 10 cm.

3. Corta la cartulina por la mitad. Coge dos trozos y recórtalos, si es necesario, para que tengan un tamaño un poco más ancho que la caja. Dobla los bordes y prueba hasta que estés seguro de que cada pieza encaja cómodamente en el interior de la caja. Luego pon pegamento en los bordes y ajusta cada pieza en las marcas que hiciste en la caja. Tendrás tres compartimientos de igual tamaño en el interior de la caja.

4. Con el rotulador escribe los nombres de los compartimientos en la pared exterior de la caja. En el primer compartimiento escribe «atraídos», en la sección del centro anota «inciertos» y en el último «no atraídos».

5. Recoge los objetos de la lista y cualquier otro que se te ocurra. Observa los objetos, por ejemplo, la bisutería o las joyas o botones de abrigos de fantasía, que combinan dos o tres colores metálicos. Coloca cada uno de los objetos en un compartimiento, según creas que les corresponde.

6. Haz una lista de los objetos de cada compartimiento y junto al nombre anota las razones por las que crees que serán atraídos o no, o tus dudas, si las tuvieras.

7. Prueba cada elemento, acercándole un imán por diversas partes. Compara los resultados con la lista y tus hipótesis sobre el comportamiento de cada elemento. ¿Cuántas veces has acertado?

Resultado

De los objetos de tu caja, podrían sorprenderte las chapas de botella, llaves, monedas y joyas porque no se pegarán al imán, pero los clavos, arandelas, latas y clips sí lo harán. Sólo con mirar los objetos es casi imposible que puedas predecir su comportamiento ante el imán.

Explicación

Hoy día, muchos objetos combinan diversos tipos de metal. A veces una delgada capa de un metal no magnético, como el latón, cubre una capa más mate de hierro o níquel. Este proceso se llama *chapado*. Esto significa que un objeto como una llave, por ejemplo, puede parecer que está hecho de latón, aunque en realidad esté fabricado con un metal magnético. Los científicos tienen otro nombre para los metales magnéticos: *ferromagnéticos*. Los metales ferromagnéticos más comunes son el hierro, el níquel y el cobalto.

¿Qué sucede con los objetos que atrae parcialmente, como por ejemplo, un bolígrafo? El clip del bolígrafo (hecho de acero, una aleación de hierro) se pega al imán, mientras que el cuerpo, fabricado de aluminio, no. Sólo queda un caso sin resolver: la hojalata, que en realidad es una capa de estaño sobre acero, que sí es atraído por los imanes. El aluminio de una chapa no reacciona ante el imán.

Flujograma ferromagnético

Necesitas

Una cartulina grande
Rotulador
Un imán en barra o en herradura
Diversos objetos, por ejemplo, llaves,
    clips, clavos, chinchetas, lápices, colgantes,
    botones, alambre

Este sencillo flujograma te ayudará a clasificar una colección de objetos tras introducirlos en una serie de casillas con interrogantes. El flujograma es muy útil porque ordena los datos de tu investigación. En este caso, apreciarás las propiedades ferromagnéticas de tus objetos, es decir, si son o no atraídos por un imán.

Procedimiento

1. Copia el flujograma sobre una cartulina grande.
2. Coge el primer objeto de tu colección y colócalo en el primer círculo del flujograma. Si el objeto parece metálico, muévelo a la casilla «sí» y continúa con el segundo círculo.
3. Si el objeto no parece metálico, muévelo a la casilla «no».
4. Acerca el imán a los objetos, tanto si están en la casilla del «sí» como en la del «no». Traslada todos los objetos atraídos a la siguiente casilla «sí».
5. Prueba a ver si el imán atrae todas las partes de un objeto. Dales la vuelta y acerca el imán por todas sus partes.

6. Divide los objetos entre las últimas casillas «sí» y «no», de acuerdo con los datos obtenidos.

7. Examina todos los objetos de ambas casillas y define las propiedades comunes que los hacen o no magnéticos.

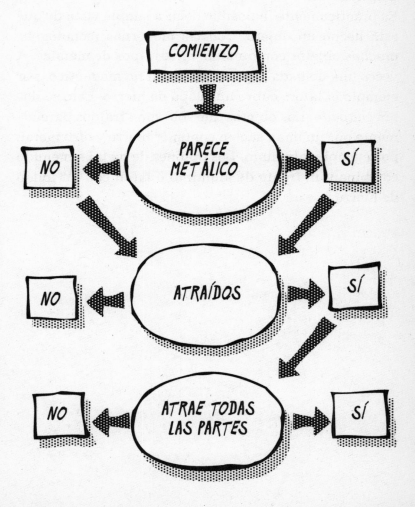

Resultado

Los objetos que se encuentran en la casilla «sí» contienen hierro y son *ferromagnéticos*. Los objetos que están en la casilla «no» pueden estar hechos de metal, pero no de hierro, y por tanto no son ferromagnéticos.

Explicación

Es prácticamente imposible decir a simple vista de qué está hecho un objeto. Con las modernas tecnologías, muchos objetos combinan diversos tipos de metales. A veces una delgada capa de un metal no magnético, por ejemplo el latón, cubre una capa de hierro. Esto se llama *chapado*. Los objetos que sólo son atraídos parcialmente por un imán suelen contener hierro y otro metal, por ejemplo, aluminio. Los botones de metal a menudo combinan un frente de aluminio o latón con un fondo de hierro.

Muelle magnético

Necesitas
5 imanes de barra
6 lápices afilados
Una lámina de goma espuma

¿Crees que los coches y los trenes actuales pueden flotar sobre el suelo utilizando la fuerza del magnetismo? Probablemente piensas que los imanes sirven principalmente para pegar y atraer el hierro. Pero como los polos magnéticos se repelen mutuamente con una fuerza asombrosa, los científicos han empezado a utilizar esta fuerza de forma práctica. Este experimento te demostrará cómo.

Procedimiento
1. Deposita uno de los imanes en el centro de la goma espuma.
2. Con un lápiz afilado, realiza agujeros en la goma espuma alrededor del imán. Debes hacer seis agujeros, dos en los lados longitudinales y uno en cada uno de los lados estrechos.
3. Quita el imán e introduce un lápiz afilado en cada uno de los agujeros. Empuja con fuerza cada uno de los lápices hasta que consigas que se sostengan sin tambalearse.
4. Investiga cómo apilar los imanes de manera que la superficie superior de uno siempre repela la superficie inferior del imán que está encima.

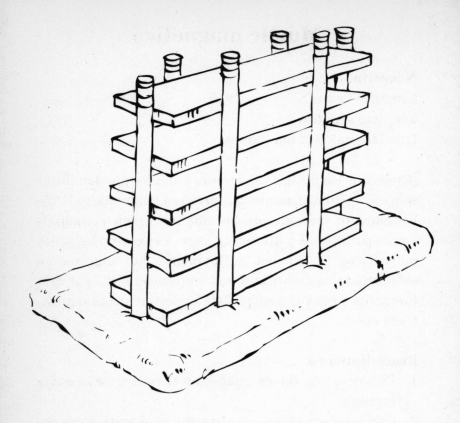

5. Coloca el primer imán con el apoyo de los lápices y el siguiente encima, teniendo en cuenta que deben repelerse y rebotar hacia arriba. Sigue con el resto de los imanes hasta que hayas apilado los cinco.

Resultado

Los cinco imanes flotan uno sobre otro en el soporte de los lápices. Si presionas hacia abajo el imán superior sentirás lo mismo que cuando presionas un muelle, puesto que el imán rebotará a su posición original.

Explicación

Los imanes flotan porque los has apilado colocando enfrentados sus polos norte y sur. Los polos, localizados en los extremos del imán, tienen *líneas de fuerza magnética* que emergen en todas direcciones. De modo que la fuerza magnética de repulsión originada por polos semejantes actúa como un parachoques, manteniendo alejados los imanes.

De este modo, si los imanes se repelen unos a otros cuando colocas juntos los polos sur o norte y se atraen cuando sitúas juntos los polos opuestos, ¿por qué *ambos* polos, el norte y el sur, atraen el hierro? ¡Es uno de los misterios del magnetismo!

Los científicos saben desde hace mucho tiempo que la fuerza del magnetismo, aunque relacionada con la fuerza de la electricidad, es diferente por muchas razones. Pero lo que realmente les entusiasma es saber que el magnetismo es mucho más fuerte que la fuerza de la gravedad.

Movimiento de engranajes

Necesitas

3 rollos de papel de cocina
2 rollos de papel de aluminio
1 tubo de cartón del papel higiénico
3 perchas de lavandería con tubos de cartón
Cartulina de colores
Una caja de cartón con tapa
Tapas para frascos grandes y pequeños
Un rotulador
Tijeras
Cinta adhesiva

¿Cómo pueden los diferentes tipos de engranajes de una máquina crear con un giro sencillo una gran variedad de movimientos? Un engranaje puede girar hacia el lado contrario del que lo hará otro engranaje contiguo, y también pueden rotar a diferentes velocidades unos de otros. Este experimento te enseñará algunos de los principios básicos del movimiento de engranajes.

Procedimiento

1. Recorta el fondo de la tapa de la caja, sin que se rompan los bordes, que deben permanecer unidos. Será el marco de tu demostración de engranajes.
2. Utilizando el marco, dibuja 6 puntos en su interior, 3 en cada uno de los bordes longitudinales, cuidando de que queden enfrentados. Marca el primer par de puntos en el centro exacto del marco y los siguientes pares a unos 17,5 cm unos de otros.

3. Sobre los puntos y con ayuda de las tijeras perfora agujeros.

4. Quita los tres tubos de cartón de las perchas e introduce cada tubo por un agujero y sácalo por su contrario en el lado opuesto, de modo que obtengas tres «ejes» que cruzan el marco de la caja.

5. Coge una tapa de frasco grande y traza tres círculos de diferentes colores sobre las cartulinas. Con la tapa más pequeña haz dos círculos. Realiza un círculo todavía más pequeño con el redondel del tubo del papel higiénico.

6. Recorta los 6 círculos y hazles muescas como si fueran engranajes. Haz unos agujeros en el centro de los tres engranajes mayores del tamaño de una moneda de 5 céntimos de euro.

7. Sobre cada engranaje, pinta un diente negro.

8. Pega los tres engranajes mayores a los bordes de los rollos de papel de cocina, pega los dos engranajes más pequeños a los rollos del papel de aluminio y pega el engranaje más pequeño al borde del tubo de papel higiénico.

9. Quita los ejes del marco de la caja e introdúcelos en el interior de los rollos de papel de cocina. Reintroduce los ejes en la caja con los rollos de papel de cocina incorporados (con los engranajes mirando hacia ti). Los rollos formarán tres «volantes» en el interior del marco.

10. Coloca los tubos de papel de aluminio encima de los de papel de cocina, formando una pirámide. Asegúrate de que los engranajes miren hacia ti.

11. Coloca el tubo de papel higiénico encima de los demás.

12. Haz girar los engranajes teniendo en cuenta que el diente negro de cada engranaje debe estar marcando la posición de las agujas del reloj cuando son las 12 en punto.

13. Sostén el marco y deslízalo suavemente sobre una superficie plana. Observa el movimiento giratorio de tus engranajes.

Resultado

Si mueves el marco hacia la izquierda, los engranajes de los rollos de papel de cocina girarán hacia la derecha. Los engranajes del papel de aluminio, encima, rotarán hacia la izquierda. El engranaje del tubo de papel higiénico girará hacia la derecha. Aunque parezca que todos los engranajes giran a la misma velocidad, puedes observar que el diente negro del engranaje que está más arriba regresa a la posición de las 12 en punto primero, seguido por los engranajes del papel de aluminio y finalmente por los engranajes del papel de cocina.

Puedes ampliar tu experimento, trazando un camino de unos 2 m sobre el suelo. Coloca los engranajes como al principio y pide a tres amigos que te ayuden a recoger los datos. Desliza suavemente el marco sobre el suelo y pide a cada uno de tus amigos que fije la atención sobre un grupo de los engranajes –papel de cocina, papel de aluminio y tubo de papel higiénico– para que puedan registrar cada vuelta completa que se produzca en el camino. Si mides el diámetro de los engranajes, con la ayuda de la aritmética puedes calcular la mayor

velocidad de un grupo de engranajes en relación con sus vecinos.

Explicación

Unos engranajes transfieren el movimiento a otros; por esta razón, los ingenieros calculan cuidadosamente qué combinación de engranajes, teniendo en cuenta tamaño y forma, será necesaria para una acción mecánica determinada. Mecanismos de engranajes con movimientos rotatorios de muy diversos tipos son los responsables de la movilidad de un sinfín de objetos, desde las manecillas de un reloj al desplazamiento de un coche sobre el suelo.

¿Lo sabías?

La primera mención de engranajes aparece en un rollo escrito por un griego llamado Stratos, discípulo de Aristóteles, allá por el siglo IV a. de C. Este rollo es el primer texto de ingeniería que se conoce en todo el mundo. Se describen múltiples poleas y mecanismos de engranajes, junto con otros aparatos como la palanca y el fulcro.

Volar, flotar y hundir

«Visionador» de cometas
Pantalla para probar aeroplanos
Indicador de profundidad
Diseño de cascos hidrodinámicos
¿Por qué una cometa es como un barco de vela?
Molinetes y paracaídas
Barco de arcilla

«Visionador» de cometas

Material necesario
Un cuadrado de goma espuma de 40 × 40 cm
21 alfileres de costura
1 chincheta de plástico
Una regla
Hilo negro fuerte
2 pesos de pescar pequeños
Un rotulador negro de punta fina
Pintura verde y amarilla
Rotuladores rojo y azul
Tijeras

Esta herramienta simple y segura te permitirá determinar la altura de cualquier objeto estacionario, por ejemplo, una cometa, a una distancia de unos 75 m. El nombre científico de este «visionador» de cometas es *clinógrafo*.

PRIMERA PARTE
Construcción de un clinógrafo

Procedimiento
1. Con la regla y un rotulador dibuja una cuadrícula sobre la goma espuma. Divide los bordes del cuadrado en 20 segmentos de 2 cm y traza líneas verticales. Después dibuja las líneas horizontales de modo que logres una parrilla de 400 cuadrados. Cada cuadrado de 2 cm representa un incremento de 3 m de altitud.

2. Clava los 21 alfileres tan cerca del borde como puedas. Debes clavar cada alfiler en el extremo de una línea de la cuadrícula, excepto en el caso del alfiler situado en el borde del lado inferior del cuadrado.

3. Corta 2 trozos de hilo negro de 1 m de longitud. Pinta uno de los pesos de amarillo y el otro de verde. Después de que hayan secado, ata los pesos a un extremo de cada hilo.

4. Coloca el cuadrado de goma espuma teniendo en cuenta que la hilera de alfileres quede a tu derecha. El borde superior del cuadrado es tu línea de visión y debes conseguir que destaque sobre el resto de la cuadrícula. Colorea con el rotulador rojo el cuadrado que está en el extremo izquierdo del borde superior y con el rotulador azul el cuadrado que está en el extremo derecho de ese mismo borde.

5. Ata los extremos libres de los hilos al alfiler situado en la parte de arriba del cuadrado azul.

6. Clava la chincheta a uno de los bordes de la goma espuma, en algún sitio que te permita levantarla y moverla con facilidad.

SEGUNDA PARTE
Utilización del clinógrafo

Procedimiento

1. Sal a la calle con tu clinógrafo para probarlo en algún edificio o cualquier estructura que tenga una altura que conozcas previamente.

2. Pon el clinógrafo en posición vertical de forma que la hilera de alfileres señale hacia un lugar distinto de donde te encuentras. Deja que el hilo con el peso verde cuelgue fuera de la hilera de alfileres y el hilo con el peso amarillo cuelgue libremente contra la cuadrícula.

3. Mira a lo largo del borde superior del clinógrafo (desde el cuadrado rojo al azul) y apunta hacia el objeto que quieras medir. Sostén el clinógrafo con firmeza. El hilo del peso amarillo debe colgar sobre la cuadrícula.

4. Con mucho cuidado, quita la chincheta y vuelve a clavarla en el punto donde se haya situado el hilo amarillo sobre el borde inferior del clinógrafo. Trata de mantener el hilo en esta posición con la chincheta. Ésta es la señal de tu primera medida.

5. Muévete a una distancia de 46 m. Sé preciso con las medidas para que obtengas un cálculo seguro.

6. Desde el borde superior del clinógrafo cuenta hacia abajo un alfiler por cada 3 m que te hayas movido, en este caso serán 15 alfileres por 46 m. Traslada el hilo del peso verde hasta el lugar del alfiler 15, de modo que el hilo cuelgue libremente sobre la cuadrícula desde este punto.

7. Desde tu nueva posición, observa tu objeto a través del borde superior de tu clinógrafo. Sujeta el hilo con el peso verde en el lugar del borde inferior donde se haya producido la visión.

8. Gira el clinógrafo de modo que puedas ver el lugar donde se cruzan los hilos de los pesos amarillo y verde.

Resultado

La intersección de los hilos sobre la cuadrícula te permite calcular la altura del objeto. Cuenta hacia la izquierda desde la hilera de alfileres hasta que llegues al punto donde se cruzan los hilos. Por ejemplo, si las cuerdas se cruzan en la mitad del 8.º cuadrado, la altitud del objeto es de 25,5 m. Compara tus medidas con las que conocías previamente.

Explicación

El «visionador» utiliza un principio geométrico denominado *triangulación* que sirve para calcular la distancia a un objeto dado. El *efecto de paralaje* permite esta-
blecer la distancia a un cuerpo, midiendo su movimiento
o desplazamiento entre dos puntos de observación diferentes. Los astrónomos utilizan el efecto de paralaje
para calcular las distancias desde la Tierra a los planetas y a las estrellas.

Pantalla para probar aeroplanos

Material necesario
Un cartón grande
Un trozo de madera de 7,5 × 12,5 × 50 cm (longitud)
Un trozo de madera de 7,5 × 12,5 × 30 cm (longitud)
Una tabla pequeña de madera de balsa
4 tiras de 15 cm de madera de balsa
Una tira de madera de balsa de 7,5 cm
Un cartón fino
Una percha de alambre
Chinchetas
Goma elástica
2 alfileres
Cinta adhesiva
Alicates
Taladro manual
Una regla
Tijeras
Un cuchillo afilado
Pegamento
Cola blanca
Un ventilador eléctrico

Este proyecto te demostrará cómo los alerones móviles de las alas y la sección de la cola controlan el despegue y los movimientos de giro de un avión. Explicaremos su funcionamiento al reproducir en nuestro laboratorio una prueba de la acción del viento sobre un aeroplano de madera de balsa. Para obtener unos resultados más seguros, una pantalla de rejilla te ayudará a «enderezar» el viento producido por un ventilador.

Construcción de la pantalla

Procedimiento

1. Para hacer el marco, recorta tiras de 82,5 × 6,25 cm sobre el cartón, dejando una solapa de 2,5 cm en un extremo. Procede del mismo modo para obtener las lamas.

2. Divide las dos mitades del marco en 16 secciones de 2,5 cm, ayudándote de la regla y el rotulador para marcar las líneas.

3. Dobla los dos lados del marco juntos y pégalos con pegamento a las solapas de 2,5 cm.

4. Divide cada una de las 14 lamas en secciones de 5 cm entre las solapas. Dibuja líneas de separación de estas secciones, pero sin extender la línea más allá de la mitad de la anchura de la lama.

5. Con las tijeras haz un corte de 2,5 cm de profundidad en las líneas de cada lama hasta que queden acanaladas.

6. Coloca los marcos sobre una superficie plana y dobla hacia atrás las solapas de cada lama.

7. Inserta con cuidado 8 lamas en el marco, siguiendo las indicaciones de la figura de la página 69. Observarás que el marco es un poco más profundo que las lamas.

8. Pega las lamas al marco, aplicando un poco de pegamento en las solapas.

9. Ahora inserta otras 8 lamas con las hendiduras puestas hacia abajo. Coloca cada nueva lama sobre la

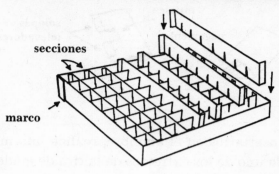

Introduce las lamas en el marco

secciones

marco

parte superior de las lamas pegadas perpendicular-
mente de modo que las hendiduras se entrelacen.

10. Pega este nuevo grupo de lamas al marco, aplicando un poco de pegamento en las solapas.

11. A fin de reforzar las esquinas, utiliza las tijeras
para recortar los extremos de las tiras de la madera de balsa (15 cm). Pega con cola las tiras en las
esquinas del marco. Deja que seque durante 1 hora.

12. Dale la vuelta a la pantalla ya terminada y pégala
al trozo de madera de 50 × 7,5 × 12,5 cm con dos tiras de cinta adhesiva.

SEGUNDA PARTE
Construcción del aeroplano y el pedestal

Procedimiento

1. Con los alicates corta la sección recta de la percha.

2. Con la ayuda de los alicates, dobla el alambre en forma de L y haz un pequeño garfio en el extremo más
corto de la L.

muesca
pegamento
solapas
(elevadores)

3. Para insertarlos en el alambre, realiza una muesca en cada uno de los extremos de la tira de madera de balsa (7,5 cm) e introdúcelos en la curva de la L. Pega los extremos con cinta adhesiva.

4. Coge el trozo de madera de $30 \times 7,5 \times 12,5$ cm y taladra un agujero cerca de un extremo. Inserta en el agujero el lado alargado del alambre de modo que la L quede mirando hacia abajo.

5. Corta la banda elástica de manera que tengas una larga pieza elástica. Ata un extremo de la goma al punto central del borde superior del pedestal y sujeta el otro extremo a la madera con una chincheta.

6. Con el cuchillo corta la pieza del fuselaje del aeroplano sobre la hoja de la madera de balsa más delgada. Pide ayuda a una persona mayor si nunca has utilizado un cuchillo.

7. Realiza una muesca pequeña en la sección de la cola del fuselaje.

8. Recorta sobre el cartón, siguiendo las indicaciones del dibujo superior y el de la página siguiente, un ala y la sección de la cola. Corta grandes solapas (alerones) en el ala y pequeñas solapas (elevadores) en la sección de la cola.

9. Utiliza el cuchillo y haz una hendidura en la sección media del fuselaje, lo suficientemente ancha como para que encaje el ala.

10. Ancla el ala en el fuselaje con la ayuda de dos alfileres. Inserta uno en el borde superior y otro en el inferior del fuselaje.

11. Introduce la sección de la cola en la ranura de la madera de balsa.

12. Corta otra banda de goma para que tengas una larga pieza elástica. Corta esta pieza a su vez en dos trozos más pequeños, de modo que un trozo sea el doble de largo que el otro.

13. Ata un extremo del trozo más pequeño al garfio del alambre. Ata el otro extremo al alfiler que hay sobre el ala.

14. Ata el trozo más largo al alfiler que está en la zona inferior del fuselaje. Ata el otro extremo a la chincheta clavada en la madera.

15. Ajusta las gomas elásticas y los alfileres de forma que el aeroplano quede perfectamente nivelado.

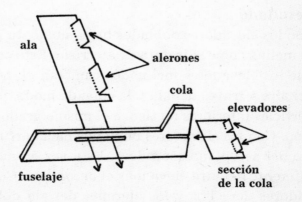

ala
alerones
cola
elevadores
fuselaje
sección
de la cola

TERCERA PARTE
Prueba del viento

Procedimiento

1. Coloca el aeroplano y la pantalla a una distancia de unos 30 cm el uno de la otra.

2. Sitúa el ventilador a unos 40 cm de distancia de la pantalla.

3. Endereza los alerones de las alas y dobla hacia arriba los elevadores de la sección de la cola.

4. Enciende el ventilador y observa el aeroplano.

5. Apaga el ventilador y dobla hacia abajo los elevadores. Reanuda la prueba del viento.

6. Endereza los elevadores y dobla los alerones sobre el ala en direcciones opuestas. Enciende otra vez el ventilador y mira con atención.

7. Combina todas las posiciones posibles de los alerones y elevadores, observando la conducta del aeroplano en cada posición, tras el encendido del ventilador.

Resultado

Con los elevadores doblados hacia abajo, tu aeroplano se inclina como si tratara de aterrizar. Esto ocurre porque los elevadores inclinados cambian el movimiento del aire a través del ala y la cola, de modo que sus superficies inferiores no tienen el mismo grado de elevación. Con los elevadores doblados hacia arriba, el morro del aeroplano ascenderá. Esta vez, el movimiento diferente del aire eleva más el aeroplano. Con los elevadores derechos y los alerones del ala doblados en direcciones opuestas, el avión se inclinará hacia la izquierda o hacia la derecha como si estuviera preparándose para girar.

Explicación

Los ingenieros han diseñado muchos tipos de ala y elevadores de cola para ayudar a los pilotos en las difíciles maniobras de ascenso, descenso y giro de sus aviones. La sección de la cola de un avión controla el ascenso y descenso. Los elevadores de la cola suben o bajan cuando el piloto retiene o empuja el mando de control que hay junto a su asiento. Cuando lo empuja, los elevadores giran hacia abajo y el morro del avión se inclina hacia abajo. Cuando desliza el mando hacia atrás, los ele-

vadores se levantan y el morro del avión señala hacia arriba.

Los alerones de las alas del avión tienen menos participación en las maniobras de ascenso y descenso, pero controlan los movimientos de ladeo (giros). Con el alerón izquierdo subido y el derecho bajado, el avión se ladea a la izquierda. Con el alerón izquierdo bajado y el derecho subido, el avión se ladea a la derecha. Aunque tu aeroplano no lo tenga, los aviones también tienen un timón de dirección en la cola, que facilita y hace estables los movimientos laterales y los giros.

Indicador de profundidad

Material necesario

Un cubo grande o un acuario vacío

Un embudo pequeño

Un trozo largo de tubo de goma

Pajitas de plástico trasparentes

Cartón blanco

Un globo

Goma elástica

Cinta adhesiva

Pegamento

Tijeras

Cuentagotas

Agua coloreada de rojo

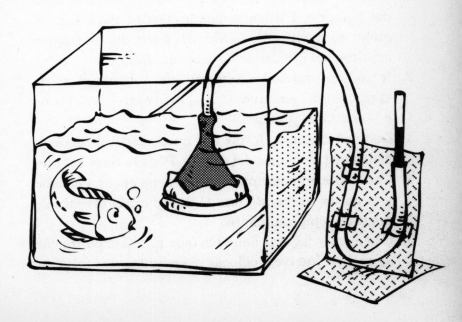

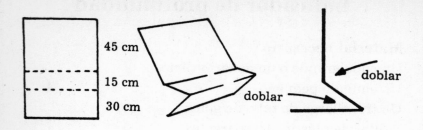

En este experimento construirás un mecanismo para medir la presión del agua a diferentes profundidades y mostrar los resultados por medio de un tubo de agua coloreada. Tu indicador de profundidad será muy parecido a los modelos que utilizan los barcos.

Procedimiento

1. Corta el globo por la mitad y estíralo sobre la boca del embudo. Utiliza la goma elástica para fijar el globo en su sitio. Ya tienes una parte del diafragma sensible del indicador de profundidad.

2. Introduce uno de los extremos del tubo de goma en el pitorro del embudo. Une el otro extremo del tubo a la pajita de plástico.

3. Dobla el cartón de forma que quede vertical, siguiendo las instrucciones del dibujo. Pega la base del pie.

4. Con el pie en posición vertical, pega encima el tubo y la pajita formando una U; luego quita el embudo del tubo temporalmente.

5. Con el cuentagotas llena hasta la mitad la pajita con agua roja. Vuelve a colocar el embudo en el tubo.

6. Añade agua al cubo o al acuario hasta que esté lleno en sus ¾ partes. Mete el embudo en el agua, con la parte del globo hacia abajo, y observa el agua roja de la pajita.

Resultado

El agua roja de la pajita va elevándose en la misma proporción en la que el embudo gana profundidad en el agua.

Explicación

A medida que el embudo desciende, el peso del agua que hay encima se incrementa. Esto significa que la presión del agua aumenta y empuja contra el embudo. La fuerza que presiona el embudo empuja el aire del tubo, que a su vez hace elevarse el agua roja de la pajita.

Diseño de cascos hidrodinámicos

Material necesario
Una caja de cartón con tapa
Una bolsa de basura de plástico blanca
Pegamento
Pegamento más ligero
Una hoja de celofán
Tijeras
5 hojas de madera de balsa de 2,5 cm de grosor
2 corchos pequeños
Un cuchillo afilado
Una regla
Rotulador de tinta indeleble
Papel de gráficos
2 colgadores metálicos
Alicates
Papel de lija fino
Una palangana de plástico (que se pueda
    desechar después)
Taladro
Un cubo de agua grande
Agua, por supuesto

La *hidrodinámica*, muy relacionada con la aerodinámica o estudio de la fricción del aire contra objetos en movimiento, ayuda a los ingenieros en el diseño de los barcos. Un casco de barco aerodinámico implica velocidad y eficiencia. Este experimento te permitirá probar diseños de cascos de barco para encontrar el más eficaz.

El agua utilizada en este proyecto cumple el mismo papel que la pantalla de viento en el experimento del aeroplano.

Fabricación de una compuerta y parrilla

Procedimiento

1. Coge la tapa de la caja de cartón y ponla boca abajo. Retira los laterales más estrechos.

2. Corta longitudinalmente la costura lateral de la bolsa de plástico hasta que logres una gran hoja de plástico. Mide y extiende el plástico sobre la tapa, fijándote en que cubra todo el interior y también los bordes laterales que no has retirado.

3. Quita el plástico y extiende una fina capa de pegamento que cubra toda la tapa. Coloca nuevamente el plástico y alísalo contra la tapa. Utiliza la regla para doblarlo bien estirado en las esquinas.

4. Pon un poco de pegamento sobre la base ancha de los corchos y pégalos a la superficie de la bolsa de plástico. Mantén entre ambos una distancia de 10 cm y sitúalos ligeramente por debajo del centro de la tapa.

5. Perfora dos agujeros en la tapa, de acuerdo con el dibujo de la página siguiente.

6. Para hacer la cuadrícula, da la vuelta a la caja y déjala con el lado hueco hacia abajo, extiende encima la hoja de celofán. Deja unos 12,5 cm de la tapa sin cubrir con el celofán, por el lado opuesto al de los agujeros.

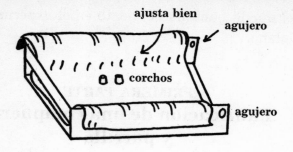

ajusta bien

agujero

corchos

agujero

7. Sujeta el celofán extendido con cinta adhesiva pegada a los laterales de la tapa.

8. Con la regla y el rotulador, dibuja en el celofán marcas longitudinales y transversales en segmentos de 2,5 cm.

9. Con el rotulador indeleble dibuja las líneas que unen los bordes longitudinales y transversales. Obtendrás una parrilla de cuadrados de 2,5 cm, dibujados directamente sobre el papel celofán.

10. Con mucho cuidado, quita el papel celofán y da la vuelta a la caja. Extiende el celofán sobre el lado abierto de la caja, pegándolo como antes. Asegúrate de que el extremo de la caja en el que perforaste los agujeros permanezca sin cubrir por el celofán; asimismo, debe permitir el fácil acceso a los corchos.

SEGUNDA PARTE
Construcción de los cascos

Procedimiento

1. Pide a una persona mayor que, con ayuda del cuchillo afilado, recorte sobre la madera de balsa las formas de los cascos que aparecen representadas en el dibujo.
2. También puedes recortar en otra hoja de madera de balsa tus propios diseños para cascos de barcos.
3. Lija los bordes de los modelos de madera de balsa.
4. Con la regla mide la distancia entre los dos corchos (10 cm) que pegaste a la compuerta y perfora aguje-

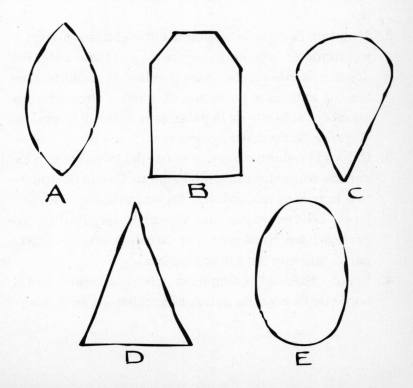

ros en la mitad de cada modelo de casco lo suficientemente grandes como para que quepan los corchos.

TERCERA PARTE

Preparación de las palanganas

Procedimiento

1. Para la construcción de la compuerta se necesita una tabla pequeña o un taburete bajo para sostener la palangana superior. Primero, prepara la palangana superior, perforando dos hileras de agujeros de 1,5 mm, espaciados regularmente, en uno de los lados.

2. Mide con la regla la distancia entre el borde superior y el fondo de la palangana y corta con los alicates los dos trozos más largos de las perchas de alambre. Dobla los extremos en forma de garfio; engancha los alambres al borde de la palangana sobre el lateral en el que perforaste los agujeros.

3. Coloca la palangana en un borde del taburete con los garfios colgantes mirando hacia ti. Une la compuerta a la palangana, insertando los garfios en los agujeros. Tal vez tengas que ajustar la longitud de los garfios para conseguir que la compuerta se ajuste perfectamente bajo la palangana.

4. El lado libre de la compuerta debe descansar sobre el borde de la segunda palangana, colocada en el suelo.

CUARTA PARTE
Puesta a prueba
del diseño de los cascos

Procedimiento

1. Antes de comenzar el experimento y recogida de datos, primero debes reproducir la cuadrícula de tu compuerta sobre un papel de gráficos. Asigna un cuadrado del papel de gráficos para representar un cuadrado de 6,45 centímetros cuadrados de tu cuadrícula. Esta representación te permitirá medir el patrón de resistencia hidrodinámico de cada casco.

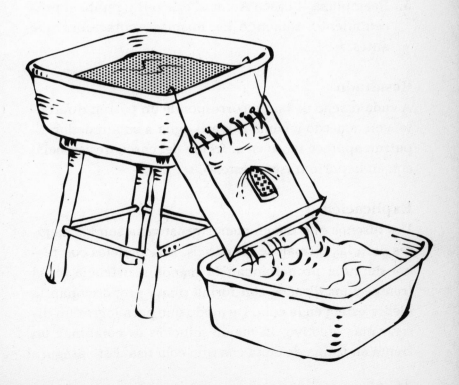

2. Puesto que el experimento requiere una recogida de datos rápida y segura, pide ayuda a tus amigos. Coloca el casco A sobre los corchos. Siguiendo tus indicaciones, uno de tus ayudantes debe verter un cubo de agua en la palangana superior.

3. Observa a través de la cuadrícula cómo el agua desciende sobre la compuerta y alrededor del casco. ¿Qué tipo de patrón de resistencia observas? ¿Se produce la misma resistencia en la parte delantera y trasera del casco?

4. Utiliza la cuadrícula para determinar la longitud y anchura exacta del patrón de resistencia y reprodúcelo en el papel gráfico.

5. Reemplaza el casco A por el casco B y repite el procedimiento, tomando las mismas anotaciones que antes.

Resultado

A cada diseño de barco corresponde un patrón diferente, con acuerdo a cómo fluye el agua a su alrededor. El patrón aparece tanto en el frente del casco (resistencia) con en la parte trasera (estela).

Explicación

Los diseños que tienen menor resistencia son los mejores para las formas de los cascos. Los modelos con forma de cuña proporcionan la menor resistencia en el frente, y los diseños con forma plana proporcionan la menor estela en la cola. De modo que para lograr un diseño más efectivo, la mejor solución es combinar un frente en forma de cuña con una cola lisa. Esto asegura que el agua fluya limpiamente en el frente o proa del barco y que las corrientes independientes se mantengan separadas y no choquen en la cola o popa del barco.

¿Lo sabías?

Un buen diseño hidrodinámico no es importante solamente para la construcción de barcos sino también para cualquier cuerpo sólido que deba permanecer o moverse en el agua. Por ejemplo, los ingenieros deben elegir las formas más eficaces en los pilares de los puentes para prevenir el desgaste que la erosión ocasiona en las columnas y evitar el debilitamiento del puente.

¿Puedes pensar en otros objetos o criaturas naturales del mar o la tierra en los que una forma hidrodinámica sea importante?

¿Por qué una cometa es como un barco de vela?

Material necesario
2 palos de madera de 60 × 0,9 cm y 60 × 0,3 cm
Cuerda de cometa
Tela para cubrir
Tijeras
Pegamento

Este proyecto te demostrará cómo el principio de *elevación dinámica* se aplica tanto a la cometa como al barco, aunque con diferencias importantes.

Procedimiento
1. Forma con los palos una X y átalos con la cuerda en el lugar de la intersección. Haz un nudo a la cuerda. Puedes aplicar también un poco de pegamento para darle más fuerza.
2. Pide a una persona mayor que haga con las tijeras una pequeña ranura cerca de los extremos de cada uno de los palos. Esta ranura ayudará a que la cuerda se mantenga enrollada sobre los palos.
3. Ata la cuerda a cada palo en la muesca con un nudo sencillo. Tira de la cuerda para que quede tirante entre los extremos de los palos donde hiciste los nudos. La distancia del extremo de un palo al siguiente debe ser de 42,5 cm.
4. Corta la tela en forma de cuadrado teniendo en cuenta que debe cubrir unos 5 cm más del área encerrada

por la cuerda en todos los lados. Aplica un poco de pegamento y dobla los bordes sobre la cuerda alrededor de toda la cometa.

5. Dale la vuelta a la cometa de modo que los palos queden por debajo. Corta 4 trozos de cuerda de 80 cm y átalos a las esquinas de la cometa. Tira de las cuatro cuerdas, formando una pirámide, y ata la cuerda larga de la cometa en el punto donde se encuentran todas las cuerdas.

6. Haz una cola para la cometa, cortando una sábana vieja en tiras de 30 cm y atando tres o cuatro tiras juntas. Ata la cola a una esquina de la cometa. Tal vez necesites ajustar la longitud de la cola cuando comiences a volar la cometa.

7. Saca la cometa un día que haya buen viento y desenrolla gradualmente la cuerda. Si no hiciera suficiente viento, corre con la cometa.

Resultado

La cometa se eleva en un extremo de la cuerda. Cuanto más fuerte sea el viento o cuanto más corras, más se elevará la cometa.

Explicación

La elevación de la cometa se explica por dos fuerzas: *resistencia del aire y elevación dinámica*. La resistencia del aire permite que cualquier superficie plana se deslice en el aire. Pero para que una superficie se eleve es necesario que se comporte como –o se asemeje a– un plano aerodinámico. Un plano aerodinámico es un «ala». Este diseño obliga al aire a desplazarse sobre la superficie superior más rápidamente de lo que lo hace por la superficie inferior. Al moverse el aire con más rapidez, ejerce menos presión sobre el ala, y por el contrario, un desplazamiento del aire más lento empuja el ala hacia arriba.

Pero puesto que una cometa no es igual que un ala, ¿por qué se eleva? La razón estriba en que la cometa *se comporta* como un ala. Se levanta por delante en la dirección del viento y la cuerda la mantiene en esta posición. Esto obliga a que un poco de aire se deslice por la parte superior de la cometa y un poco de aire descienda sobre su superficie delantera. Las corrientes de aire se encuentran al mismo tiempo detrás de la cometa. El aire que sopla sobre la parte superior tiene que recorrer en el mismo tiempo una distancia mayor, por esta razón fluye más rápido.

Como sucede en un plano aerodinámico, el aire que fluye más rápido es aire con menor densidad y presión. Por lo tanto, la presión del aire es mayor en la parte delantera de la cometa, lo que significa que la cometa asciende y retrocede en ángulo. Cuando tiras de la cometa en la dirección contraria al viento, ambas fuerzas se equilibran y la cometa vuela con estabilidad.

El mismo principio de elevación dinámica se aplica a los barcos de vela, pero con diferencias significativas. Por un lado, un barco de vela se mueve al ser empujado por el viento, mientras que el ala de un aeroplano se mueve *a través* del aire. Pero tanto el ala como la vela usan superficies curvas, o *planos aerodinámicos*, para realizar su trabajo.

Habrás observado probablemente cómo se hincha una vela cuando el viento la azota, creando una super-

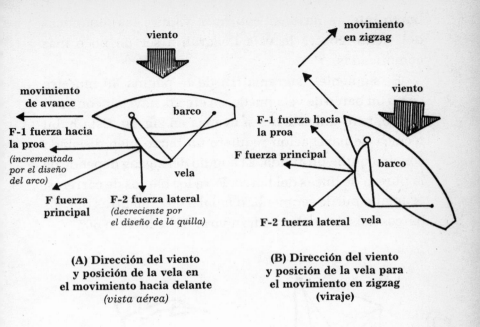

(A) Dirección del viento y posición de la vela en el movimiento hacia delante
(vista aérea)

(B) Dirección del viento y posición de la vela para el movimiento en zigzag (viraje)

ficie curva semejante a la del ala. Pero en el barco, el «ala» está colocada de forma vertical. Al soplar el viento contra el barco, se produce una baja presión sobre el frente o proa, la parte delantera de la vela.

Si analizas el dibujo (A), podrás observar cómo la baja presión crea una fuerza principal denominada «F». Parte de esta fuerza (F-1) hace que el barco avance en el agua, mientras que otra parte (F-2) intenta moverlo oblicuamente. Para reducir este movimiento oblicuo, algunos barcos tienen una profunda aleta, o *quilla*, que se hunde en el agua desde la parte inferior del barco.

Si el viento sopla directamente detrás del barco, la vela simplemente se balancea hacia un lateral, de forma que el viento sopla directamente contra éste. Pero si el barco intenta navegar *contra* el viento, las dinámicas del viento contra la vela llegarán a ser un poco más complicadas.

El siguiente diagrama (B) de la página 89 muestra cómo un barco de vela puede, en efecto, navegar contra el viento, pero únicamente si avanza en zigzag. Esta hábil técnica de navegación requiere un barco bien diseñado con una quilla profunda. El ángulo del zigzag depende de la pureza de líneas del barco. Para los barcos de carreras, el ángulo puede ser menor o igual a 40°, mientras que los barcos más normales podrán virar 50° e incluso 60°.

¿Lo sabías?

Las cometas fueron las primeras máquinas voladoras y a menudo tuvieron un uso práctico. Hace miles de años, en la China Imperial, las cometas fueron usadas como armas. Grandes cometas sobrepasaban las líneas enemigas para descargar trozos de fósforo ardiendo sobre las tropas enemigas. Si avanzamos en la historia varios siglos, nos encontraremos con el primer avión de los hermanos Wright, que en realidad fue una gran cometacaja; otra función importante de una cometa fue salvar las cataratas del Niágara para llevar un cable de un lado a otro, durante la construcción de un gran puente colgante.

Molinetes y paracaídas

Material necesario
3 trozos de tela ligera
Cartulina
Hilo o cuerda fina
Clips
Tijeras
Una regla
Lápiz

La elevación dinámica y la resistencia al aire son las dos fuerzas más importantes que se necesitan para elevar algo y mantenerlo en vuelo. Puedes comprender su funcionamiento con un helicóptero de papel o molinete y algunos paracaídas de tela.

PRIMERA PARTE
Molinetes

Procedimiento
1. Recorta en la cartulina dos rectángulos para hacer un molinete grande y uno pequeño. Practica los cortes y dobleces necesarios para obtener el molinete que aparece en el lado izquierdo de la figura de la página siguiente.
2. Sostén el molinete más pequeño como si fuera un dardo y lánzalo al aire.
3. Observa cómo desciende.

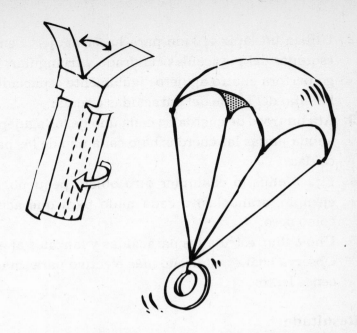

4. Repite este procedimiento con el segundo molinete, anota las diferencias en el vuelo.

Resultado

Después del lanzamiento, cada molinete gira de modo que el dardo señala hacia abajo. Cuando el molinete empieza a caer, el rotor empieza a girar y reduce la velocidad de su descenso.

SEGUNDA PARTE

Paracaídas

Procedimiento

1. Corta sobre las tiras de tela paracaídas en forma de cuadrado, triángulo y círculo.

2. Utiliza un lápiz afilado para hacer agujeros en las esquinas del paracaídas cuadrado y triangular; luego perfora cuatro agujeros igualmente espaciados a lo largo del borde del paracaídas circular.

3. Ata un trozo de cuerda en cada uno de los agujeros y anuda juntas las cuerdas bajo cada uno de los paracaídas.

4. Fija 5 clips (o cualquier otro objeto pequeño, por ejemplo, arandelas) a cada nudo para que actúen como peso.

5. Uno a uno, estruja los paracaídas y lánzalos al aire. Observa cuál es el diseño más efectivo para un descenso lento.

Resultado

El paracaídas cuadrado cae lenta y regularmente, el triangular desciende con mayor rapidez y el circular cae siguiendo un patrón errático e inestable.

Explicación

Aunque los molinetes, al igual que los paracaídas, demuestran la resistencia del aire, solamente los rotores de los molinetes producen una elevación ascendente. Tal como sucede en un ala, el aire se mueve a velocidades diferentes por encima y por debajo del plano inclinado de los rotores de los molinetes y se producen diferencias en la presión del aire. El movimiento más lento y la alta presión del aire bajo los rotores produce un empuje ascendente. Pero en este caso, el empuje ascendente no eleva el molinete y solamente reduce su descenso.

Del mismo modo que un flotador hinchado mantiene

a flote a una persona en el agua, la campana del paracaídas utiliza la resistencia del aire sólo para aminorar su descenso. Podría parecer que el mejor diseño de un paracaídas es el que ofrece mayor resistencia al aire. Pero la campana de un paracaídas es una forma dinámica que debe resistir y al mismo tiempo facilitar la caída. Esto significa que las consideraciones aerodinámicas desempeñan un papel fundamental para que el diseño del paracaídas sea un éxito.

Entre tus tres modelos de paracaídas, el cuadrado tiene el mejor equilibrio entre resistencia al aire y aerodinámica. Como un cuadrado tiene cuatro esquinas que tiran hacia abajo, también hay cuatro aberturas que se despliegan en los laterales para permitir que escape el aire. Esto estabiliza el paracaídas. El modelo triangular también proporciona una campana estable, pero su menor perímetro produce menor resistencia al aire, haciendo que caiga demasiado deprisa. Un paracaídas circular y liso sacrifica la estabilidad para incrementar la resistencia y este diseño oscilará adelante y atrás cuando el aire capturado debajo de la campana escape por donde pueda.

Los paracaídas circulares en la vida real no son planos del todo, sino abovedados y agujereados para lograr estabilidad.

¿Lo sabías?

Aunque los acróbatas chinos utilizaban mecanismos semejantes a los paracaídas en una época tan antigua como 1306, el primer boceto que se conoce de un paracaídas aparece en el «Codex Atlanticus», un manuscrito de Leonardo da Vinci, fechado en 1490. La primera persona, de la que tenemos noticia, que utilizara un paracaídas para saltar fue François Blanchard en 1793, que se rompió una pierna al tomar tierra. Unos años más tarde, otro francés, André Garnerin, logró saltar cinco veces con éxito, la última desde una altura de 2.400 m. Hoy día, los paracaídas son de estilos muy diferentes y cumplen funciones diversas. Hay paracaídas diseñados especialmente para reducir el descenso de los aviones a reacción que se expulsan desde la parte trasera del avión. Estos paracaídas tienen una estructura que alterna cintas de tela con un tejido de red, reemplazando a la campana tradicional. El diseño permite que el aire atraviese el paracaídas, que logra abrirse a gran velocidad sin sufrir desgarros.

Barco de arcilla

Material necesario
2 acuarios del mismo tamaño
500 g de arcilla sin endurecer
Una balanza pequeña
Colorante alimentario azul (opcional)

¿No te asombra que un trasatlántico de 200 toneladas pueda mantenerse a flote sobre al agua? Este proyecto te explicará el principio de la *capacidad para flotar*, utilizando dos acuarios y un poco de arcilla.

Procedimiento
1. Llena los acuarios con agua en las ¾ partes de su capacidad.
2. Mezcla el colorante con el agua para darle un tinte azulado.
3. Divide la arcilla por la mitad, pesando cada parte para que ambas sean iguales.
4. Con una mitad de la arcilla forma una bola y con la otra modela un barco ancho, hueco y de paredes altas.
5. Introduce la bola en el primer acuario y coloca el barco en el segundo.

Resultado
La bola de arcilla se hunde y deposita en el fondo del acuario, mientras que el barco de arcilla flota. El nivel del agua es más alto en el acuario que contiene el barco.

Explicación

Los materiales más densos que el agua, como el metal o la arcilla de este experimento, se hunden porque pesan más que el empuje ascendente del agua que desplazan. Pero las sustancias densas pueden flotar al rehacer su forma, si el volumen que se sumerge es suficiente para que el empuje del agua equilibre el peso del cuerpo, que entonces flotará. Si el volumen sumergido es insuficiente, el cuerpo se hundirá. Por esta razón flotan los barcos.

¿Lo sabías?

Los ingenieros japoneses han diseñado una balsa gigante que flotará en la bahía de Tokio para resolver el problema de la superpoblación. Está balsa se construirá con troncos entrelazados, elaborados con una pasta de basura supercomprimida. La balsa tendrá tal consistencia que podrá soportar el peso de edificios y carreteras, extendiendo de este modo la superficie de la ciudad sobre el agua. Un desplazamiento de agua semejante necesitará sin duda de la construcción de diques a lo largo de la orilla que proporcionarán energía eléctrica. Ésta es otra buena razón para apreciar las maravillas de la ciencia y las ventajas de la ingeniería.

Mecánica y movimiento

Un paseo corto con un globo de helio
Descubriendo áreas de superficie mínima
Modificación de la tensión superficial con
una pastilla de jabón
Comparación de la fricción estática y la deslizante
Conservación del impulso angular
«Rebotabilidad»

Un paseo corto
con un globo de helio

Material necesario
Un globo lleno de helio
Un globo inflado por ti (del mismo tamaño)
Un metro
Cinta adhesiva
Un vehículo que se mueva despacio

Para la realización de este experimento es necesario un espacio cerrado en el que un vehículo lento pueda moverse tranquilamente. Aunque al principio la conducta de los globos te parecerá enigmática, finalmente servirán para demostrar la fuerza de la aceleración sobre gases de densidades diferentes.

Procedimiento
1. Consigue un globo lleno de helio y llena el otro con el aire que soples por la boca; ambos globos deben tener el mismo tamaño.
2. Cierra con un nudo los globos y átalos a un extremo del metro. Utiliza suficiente cinta, de manera que los globos se mantengan derechos, pero teniendo en cuenta que puedan agitarse libremente.
3. Introdúcete en el coche y coloca sobre tu regazo el metro, de forma que cada globo asome por un extremo.
4. Cuenta hasta tres y pide al conductor que avance con el coche hacia delante. Observa con atención ambos

globos durante 5 segundos; luego pide que pare el coche.

5. Pide al conductor que inicie la marcha hacia atrás. Observa los globos; registra tus observaciones.

Resultado

Cuando el coche avanza, el globo inflado con la boca da sacudidas hacia atrás, mientras que el globo inflado

con helio da sacudidas hacia delante en la dirección del movimiento. Cuando el coche inicia la marcha atrás, el movimiento de los globos es inverso.

Explicación

Un objeto en reposo tiende a permanecer en reposo, esto se denomina inercia. Cuando un coche comienza a moverse, la inercia trata de impedir que cualquier objeto que haya en el interior del coche se mueva también. Tu cuerpo comienza a moverse porque los asientos del coche te empujan hacia delante.

Sucede lo mismo con el aire del coche. El aire sólo se mueve hacia delante porque es empujado por la parte trasera. Pero, puesto que el aire que está en el frente del coche no es empujado, se produce una momentánea colisión de masas de aire, la de detrás contra la de delante. Puesto que el aire trasero se mueve hacia delante, empuja al aire delantero y lo envía hacia atrás. Esta colisión y mezcla continúa hasta que ambas masas de aire, delantera y trasera, viajan a la misma velocidad, la velocidad a la que se mueve el coche.

Los globos se comportan de manera diferente durante estos enfrentamientos de masas de aire porque el globo de helio es mucho más ligero que el que inflaste con tu boca, es decir, con dióxido de carbono. El helio es también mucho más ligero que el aire que circunda el coche, mientras que el dióxido de carbono es mucho más pesado.

Como el aire de la parte trasera se mueve más rápido, empuja hacia delante al aire del frente más lento y empuja a su vez al globo de helio más ligero que el aire.

El globo de dióxido de carbono, más pesado, no se ve afectado por el movimiento del aire, retiene su inercia y da tumbos hacia delante solamente como resultado del tirón que sufre por el movimiento del metro.

Descubriendo áreas de superficie mínima

Necesitas

Un cuadrado de contrachapado de 10 cm

Una plancha de contrachapado de $10 \times 10 \times 10$ cm
(en forma de triángulo equilátero)

Un carrete de alambre de cobre mediano

Un carrete de alambre de cobre estrecho

Una palangana

Una jarra de plástico de 4 litros

Una taza para medir

Detergente lavavajillas líquido

Almíbar de maíz

Agua

Este experimento pone a prueba un método de prueba-error para encontrar el área de superficie mínima de cualquier forma geométrica: ¡una película de jabón! La tensión de la superficie elástica del jabón traza superficies sorprendentes sobre formas geométricas familiares.

Procedimiento

1. Cubre el perímetro del cuadrado de contrachapado con el alambre de cobre mediano. Cuando hayas dado una vuelta completa y los alambres se encuentren, corta el sobrante. Presiona ligeramente el alambre contra las esquinas del cuadrado y deslízalo con cuidado, sacándolo del marco de madera. Tendrás un cuadrado perfecto, trazado con alambre. Repite este

procedimiento hasta que tengas tres cuadrados más
de alambre.

2. Envuelve el perímetro del triángulo de contrachapado con el alambre de tamaño mediano, recortando lo
que sobre. Presiona ligeramente el alambre contra las
esquinas y quita el triángulo de madera. Haz otros
dos triángulos de alambre, siguiendo este mismo procedimiento.

3. Utiliza el alambre estrecho para unir los cuatro cuadrados de alambre, formando un cubo de 6 lados.
Une los tres triángulos de alambre, dándole forma
de 4 lados: obtendrás un tetraedro. Une un trozo de
30 cm de alambre de tamaño mediano a una esquina

tanto del cubo como del tetraedro, de forma que tengas dos varillas colgantes.

4. Llena la palangana con el agua, utilizando la jarra. Cuenta los litros de agua que has utilizado y añade 1 taza de detergente (240 ml) y ½ taza de almíbar de maíz (120 ml) por cada 4 L de agua. Remueve bien.

5. Introduce en el agua la varilla con el cubo y remueve. Observa la película de jabón en los bordes y en las superficies del cubo.

6. Mete en el agua la varilla con forma de tetraedro y examina la película de jabón.

Resultado

La película de jabón crea nuevas superficies entre las caras, uniéndose en el centro de cada forma, en vez de rellenar las paredes vacías o caras del cubo y del tetraedro. Estas superficies, tan complejas como parecen, en realidad definen el área de superficie mínima tanto para el cubo como para el tetraedro.

Explicación

La tensión superficial del agua: La atracción mutua de las moléculas de hidrógeno proporciona al agua un tipo de «viscosidad» interna, y esta viscosidad se muestra como una tensión superficial donde el agua se une con el aire. Al añadir jabón al agua decrece la tensión superficial en ⅔. Esto significa que el jabón te permite «estirar» el agua sobre un área más extensa, como los alambres de tus varillas burbuja. El rasgo importante del agua estirada es que siempre se contraerá en las menores áreas posibles.

Ésta es la razón por la cual las burbujas resultan tan importantes para los físicos; tienen la «inteligencia» para crear formas que combinan volúmenes y áreas de superficie de la manera más eficaz posible. El ejemplo más simple de esto es la esfera. Por eso las pompas de jabón son esféricas.

Forma	Número de lados	Volumen	Área de superficie
Tetraedro	4	$2,5 \text{ cm}^3$	18 cm^2
Cubo	6	$2,5 \text{ cm}^3$	15 cm^2
Octaedro	8	$2,5 \text{ cm}^3$	$14,3 \text{ cm}^2$
Dodecaedro	12	$2,5 \text{ cm}^3$	$13,3 \text{ cm}^2$
Icosaedro	20	$2,5 \text{ cm}^3$	$18,8 \text{ cm}^2$
Esfera	Infinitos	$2,5 \text{ cm}^3$	$12,1 \text{ cm}^2$

Modificación de la tensión superficial con una pastilla de jabón

Necesitas

2 pastillas pequeñas de jabón
   (como las que regalan en los hoteles)
Una cacerola de cerámica blanca
Un lápiz afilado
Pimienta bien molida
Agua

Este experimento te demostrará cómo la tensión de la superficie del agua puede resultar afectada al introducir una sustancia inorgánica soluble, el jabón.

Procedimiento

1. Divide la pastilla de jabón por la mitad. Con un poco de agua en las yemas de tus dedos, redondea las esquinas.
2. Llena la cacerola con agua caliente y espolvorea la pimienta encima hasta que tengas una ligera capa de pimienta flotando en la superficie.
3. Con cuidado, introduce la punta del lápiz en una de las mitades de las pastillas de jabón. Empuja el lápiz lo suficiente como para que puedas levantar el jabón, pero que al sacudirlo quede libre.
4. Sostén el lápiz, y muy despacio introduce el jabón en el agua hasta que toque con la superficie del agua. Observa la pimienta.

5. Sacude ligeramente hacia abajo el lápiz de forma que el jabón se suelte. Observa el movimiento del jabón en el agua.

6. Vacía la cacerola y tira el jabón y el agua, aclara y seca cuidadosamente la cacerola para que no queden restos de jabón. Rellénala con agua y espolvorea la pimienta como antes.

7. Corta un extremo de la segunda pastilla de jabón en forma de flecha. Clava la punta del lápiz e introduce el jabón en el agua, observando la pimienta.

8. Libera el jabón, observa sus movimientos, y luego enjuaga la cacerola.

9. Recorta sobre la pastilla de jabón restante un círculo y la otra parte en una forma irregular. Con las yemas de los dedos empapados en agua alisa los bordes del círculo. Repite los pasos 2-6 con estas formas.

Resultado

Cuando introduces en el agua una pastilla de jabón rectangular, la capa de pimienta flotante se aleja de todos los bordes, pero especialmente de las esquinas. Cuando liberas la pastilla de jabón en el agua, no se aprecia ningún movimiento.

Cuando colocas la pastilla de jabón en forma de flecha en el agua, la pimienta se aparta bruscamente de la punta de la flecha. Cuando liberas el jabón, se mueve en la dirección opuesta a la flecha.

Cuando metes el círculo de jabón en el agua, la pimienta se retira uniformemente de los bordes del círculo, formando una «frontera» de agua clara alrededor del jabón que se expande lentamente. Cuando liberas el jabón, no se mueve en ninguna dirección.

Cuando el jabón de forma irregular se introduce en el agua, la pimienta se retira bruscamente de cualquier punto. Cuando liberas el jabón, se mueve primero en una dirección y luego en otra.

Explicación

Cada molécula de agua atrae a su vecina. Esto sucede porque los dos átomos de hidrógeno, unidos a un lado de una molécula de agua, atraen un átomo sencillo de oxígeno de otra molécula. Esta atracción mutua de moléculas de agua se denomina vínculo de hidrógeno. Para fortalecer el vínculo, los átomos de hidrógeno tienen cargas positivas, mientras que los átomos de oxígeno tienen cargas negativas.

Cuando el agua está en estado líquido, sus moléculas tienen mucha más energía para deslizarse unas alrededor de otras. Sin embargo, el vínculo de las moléculas proporciona al agua un tipo de «viscosidad» interna, y esta viscosidad se presenta como tensión superficial donde se produce el encuentro entre el agua y el aire. Al añadir jabón al agua, decrece la tensión superficial. En tu experimento, las moléculas de jabón brotan de varios puntos a lo largo del borde de la pastilla, rompiendo la tensión superficial del agua, lo que provoca el movimiento de la pimienta. La tensión superficial del agua se rompe más fácilmente en los bordes puntiagudos del jabón. Esto es porque más agua entra en contacto con jabón, y la concentración del jabón disuelto es mayor en estos puntos.

Comparación de la fricción estática y la deslizante

Necesitas

2 tablones de madera de 0,6 × 15 × 90 cm
2 tiras de madera de balsa de 0,3 × 0,3 × 90 cm
Un bloque de madera pequeño
Chinchetas
1 bisagra con 4 tornillos
Pegamento
Papel de lija de tamaño mediano
Un transportador de ángulos trasparente
Un metro
Rotulador rojo
Materiales para probar: papel de aluminio,
    papel celofán, toallitas de papel, papel
    de envolver, toalla, periódicos, una portada de
    revista brillante, una bolsa de plástico

Los físicos y los ingenieros estudian dos tipos de fricción: la fricción estática y la fricción deslizante. Cuando los neumáticos de un coche se agarran a la carretera y se mueven hacia delante, está actuando la fricción estática. Cuando dobla una esquina demasiado rápido y resbala, toma el mando la fricción deslizante. La fricción estática es más fuerte y permite que las superficies se traben.

La fricción deslizante ocurre cuando otra fuerza excede los límites de la fricción estática, de modo que las superficies se deslizan una contra otra. En este experimento, la fricción estática evita que varios materiales resbalen por una rampa hasta que la inclinación de la rampa sea suficiente como para que tenga lugar la fricción deslizante. Cada material tiene su propio umbral de fricción estática y lo vas a medir en grados.

Construcción de la rampa

Procedimiento

1. Lija un lateral del tablón rampa hasta que la superficie quede lisa y deslizante. Colócala, con el lado lijado hacia abajo, sobre el tablón base.
2. Une los dos tablones con la bisagra de modo que el tablón rampa se cierre sobre el tablón base como si fuera la tapa de un libro.

3. Aplica una capa de pegamento en un lado de cada tira de madera de balsa y presiona suavemente las tiras a lo largo de los bordes longitudinales del tablón rampa. Estas tiras formarán una cerca, evitando que los materiales de prueba resbalen fuera del tablón.

4. Utiliza el metro y el rotulador rojo para dibujar una línea recta a lo largo de la base de la cerca. La línea roja será una línea indicadora para mostrar el grado de inclinación a través del transportador de ángulos.

5. Une el transportador de ángulos al tablón base de manera que la mitad del transportador caiga directamente donde se unen los dos tablones. Si tu transportador tiene un agujero, atorníllalo. Si no fuera así, pega el transportador a la madera con un poco de pegamento.

6. Asegúrate de que el tablón rampa se mueva fácilmente contra el transportador y que la línea indicadora roja sea claramente visible.

Prueba de fricción estática

Procedimiento

1. Coloca el tablón rampa con el lado liso contra el tablón base, sitúa el bloque de madera en el extremo sin bisagra del tablón rampa. Eleva despacio la rampa hasta que el bloque comience a deslizarse (no tiene que deslizarse todo hasta el fondo). Observa el grado de inclinación en el transportador y anótalo debajo. Para validar tus resultados, repite esta prue-

ba 4 veces más, y cada vez anota el grado de inclinación.

2. Envuelve el bloque de madera con papel de aluminio. Mantén el papel liso y sin arrugas. Repite el paso 1 y apunta el grado de inclinación. Repite la prueba cuatro veces más.

3. Continúa el experimento envolviendo el bloque con celofán, toallitas de papel, una lija fina, papel de envolver, toalla, periódico, una portada brillante de una revista y una bolsa de plástico. Utiliza las chinchetas para sujetar los materiales como la lija y la toalla al bloque. Repite cada prueba 4 veces y registra todos los resultados.

Resultado

Si realizas una lista de tus datos, podría parecerse a ésta:

Material	Ángulo de la rampa (grados)
Papel de aluminio	10
Portada de revista brillante	18
Bolsa de plástico	20
Bloque de madera	22
Envoltorio plástico	24
Periódico	28
Lija fina	36
Toallita de papel	39
Lija media	42
Lija gruesa	44
Toalla	46
Papel de envolver	46

Explicación

El bloque proporciona una masa constante para cada material que pruebas. La forma del bloque asegura que la resistencia del aire también sea constante. En general, los materiales fabricados con fibras más gruesas, como el periódico, toalla, envoltorio, requieren un ángulo mayor de inclinación para deslizarse. Esto es porque los extremos ásperos del papel y las fibras de la toalla se agarran a los extremos igualmente ásperos de las fibras de madera. Una superficie metálica, como el papel de aluminio, y una superficie plástica, como el celofán, se deslizan mucho más fácilmente contra la madera porque sus superficies son lisas. Esto también es verdad para el papel satinado de una revista.

Conservación del impulso angular

Necesitas
Un taburete o silla giratoria
2 pesas de medio kilo
Un cronómetro
2 amigos serviciales

Para llevar a cabo este experimento necesitas la colaboración de dos amigos, uno de los cuales te servirá para dar una vuelta corta en la silla giratoria. El resultado será vertiginoso.

Procedimiento
1. Coloca a tu amigo en la silla giratoria y pídele que sostenga en cada mano una de las pesas. Tiene que sentarse derecho con los brazos colgando hacia abajo sobre los laterales de la silla.
2. Ponte en cuclillas enfrente de tu amigo y empuja sus rodillas de modo que gire una vuelta completa. Asegúrate de que te alejas después de dar el primer empujón, para evitar que te golpee con las pesas.
3. Tu otro amigo será el controlador y con el cronómetro gritará «Vuelta» a intervalos de 2 segundos. Sigue las indicaciones del controlador, de modo que cada 2 segundos empujes a tu amigo en la silla, estableciendo un ratio de rotación constante. Recuerda alejarte de tu amigo cada vez que le des un empujón.
4. Instruye a tu amigo para que aleje gradualmente sus brazos de los lados, mientras tu continúas empujan-

do a intervalos de 2 segundos. ¿Se hace cada vez más difícil que tu amigo soporte esta rotación?

5. Indica a tu amigo que mantenga los brazos extendidos mientras le empujas a intervalos de 2 segundos. ¿Es más difícil ahora que tu amigo soporte esta rotación?

6. Pide a tu amigo que baje gradualmente los brazos mientras continúas empujándole para que gire un poco más. Observa cualquier cambio que se produz-

ca en los esfuerzos de tus empujones. Deja de empujar y deja que tu amigo venza el vértigo antes de levantarse de la silla.

Resultado

Mientras tu amigo inclina los brazos con las pesas, tú trabajas duro para mantenerle girando en un estado constante de rotación. Cuando sus brazos están totalmente extendidos, recibirá dos empujones, uno por delante en las rodillas y el otro por detrás en las caderas, para completar una rotación. Al bajar sus brazos, los empujones requieren menos esfuerzo.

Explicación

Juntos, tú y tus amigos, habéis demostrado la conservación del impulso angular. Tu amigo, con los brazos estirados y los pesos, se comportó como un mecanismo de regulación mecánica llamado precisamente regulador. Podrías reconocer uno de estos mecanismos como un pequeño objeto en forma de carrusel girando sobre la parte superior de una máquina de movimiento rotatorio, como, por ejemplo, un generador. El regulador asegura que las turbinas del generador no se aceleren o desaceleren. ¿Cómo sucede? La ley de conservación del impulso angular afirma que cuando los radios de una masa en rotación decrecen, la velocidad de rotación aumenta:

$$\text{Masa} \times \text{radio} \times \text{velocidad} =$$
$$\text{Rotación constante}$$

En términos prácticos, esto significa que si una turbina de un generador empieza a girar demasiado rápido, el regulador girará más rápido. Los pesos sobre el regulador se desplazarán hacia fuera, forzando a la turbina a trabajar con mayor dureza para sostener su velocidad incrementada, y así irá más despacio. A la inversa, si la turbina reduce la velocidad, la menor rotación del regulador acercará los pesos, requiriendo menos trabajo de la turbina, y la velocidad aumentará.

«Rebotabilidad»

Material necesario
2 pelotas de playa hinchables pequeñas
Una escalera de tijera
Un palo de escoba
Un metro
Relleno para las pelotas: arroz, trigo inflado,
    crema de afeitar, arena, agua
Cinta adhesiva
Un embudo
Tijeras
Un rotulador indeleble
Cuaderno y lápiz

La física del rebote puede proporcionar información importante para quienes hacen del rebote de una pelota un negocio, por ejemplo, los jugadores de baloncesto, de balonmano, de tenis y para los profesionales que diseñan las áreas de juego. Para llevar a cabo este experimento necesitarás la ayuda de dos amigos, uno que deje caer la pelota mientras el otro mide el rebote.

Procedimiento
1. Coloca la escalera sobre una superficie firme y nivelada. Horquilla la escalera con el palo de la escoba, colocándolo sobre la mitad de los dos escalones inferiores, y pégalo bien con cinta adhesiva. Pega con cinta adhesiva al palo de la escoba el metro estirado y en posición vertical.

2. Hincha una de las pelotas de playa y escribe el rótulo «A» con el rotulador indeleble.

3. Corta la válvula de aire de la otra pelota, haciendo una abertura de 1 o 2 cm de diámetro. Anota encima la letra «B».

4. Llena la pelota B con arroz, utilizando el embudo. Coloca un trozo de cinta adhesiva sobre la abertura para evitar que se derrame el arroz.

5. Coge la pelota A desde la plataforma superior de la escalera. Mientras tu amigo se coloca a un metro frente a la escalera con el lápiz y el cuaderno, con cuidado deja rodar la pelota de forma que caiga directamente enfrente del metro. Tu amigo debe anotar en el cuaderno «1.er lanzamiento: aire» y apuntar la altura del bote de la pelota.

PRECAUCIÓN: **Nunca te coloques o sientes en la plataforma superior de la escalera.**

6. Coge la pelota B y déjala rodar desde la parte superior de la escalera. Tu amigo debe escribir «2.º lanzamiento: arroz» y anotar la altura del bote.

7. Vacía el aire de la pelota A y llénala de agua. Para llenarla por completo, tienes que hacer pausas y dejar que el aire salga a medida que lo desplaza el agua. Tapa la válvula y aprieta bien.

8. Saca el arroz de la pelota B, reemplázalo con trigo inflado y tapa con cinta adhesiva la abertura.

9. Coloca las pelotas en la parte superior de la escalera y déjalas caer. Tu amigo apuntará «3.er lanzamiento:

agua» y «4.° lanzamiento: trigo inflado», tomando las medidas de ambos rebotes.

10. Vacía el agua de la pelota A y reemplázala por crema de afeitar. Para hacerlo, debes mantener el pitorro de la lata en la válvula de inflado y con cuidado ir echando chorros de crema. Haz pausas y con suavidad da masajes a la pelota para dejar que salga el aire y la crema se asiente. Cierra con fuerza la válvula.

11. Saca el trigo inflado de la pelota B y llénala de arena, tapando la abertura.

12. Pon las pelotas en la parte de arriba de la escalera y observa su conducta durante estas pruebas de rebote.

Resultado

Cada pelota alcanza una altura distinta al botar, en función de su contenido. La pelota llena de aire es la que más alto bota, seguida por la de crema de afeitar y la de trigo inflado. Las pelotas llenas de agua, arena o arroz no botan nada.

Explicación

Las dos fuerzas que actúan sobre una pelota que bota son: 1) la fuerza de la pelota al golpear una superficie y 2) la fuerza de la superficie al golpear la pelota. El efecto combinado de estas fuerzas determina la altura de los botes de la pelota. Puesto que la fuerza de rebote del suelo permanece constante, podemos centrarnos en comparar las fuerzas de rebote entre las diferentes pelotas.

Durante el impacto sobre una superficie dura, la superficie de la pelota se abolla. Este abollado reduce la energía cinética de la pelota (energía de movimiento), puesto que algo de la energía se pierde en el abollado, que debe entonces «desabollarse» para empujar de nuevo la pelota hacia arriba. La presión interior de la pelota disminuye en función del tamaño del abollado, que cuanto mayor es, más reduce la energía cinética. Lo que significa un bote menor. A mayor presión, menor abollado y mayor energía cinética disponible para un bote más alto.

Solamente el aire proporciona suficiente presión para minimizar el abollado de la pelota y maximizar su energía cinética. Naturalmente, los otros dos rellenos que contienen la mayor cantidad de aire, la espuma de afeitar y el trigo inflado, resultaron también eficientes. Pero el arroz, la arena y el agua proporcionan poca presión y absorben casi toda la energía cinética de la pelota en el impacto.

EL JUEGO DE LA CIENCIA

Títulos publicados:

**1. Experimentos sencillos
con la naturaleza** - *Anthony D. Fredericks*

2. Experimentos sencillos de química - *Louis V. Loeschnig*

**3. Experimentos sencillos
sobre el espacio y el vuelo** - *Louis V. Loeschnig*

**4. Experimentos sencillos de geología
y biología** - *Louis V. Loeschnig*

**5. Experimentos sencillos
sobre el tiempo** - *Muriel Mandell*

**6. Experimentos sencillos sobre
ilusiones ópticas** - *Michael A. DiSpezio*

**7. Experimentos sencillos de química
en la cocina** - *Glen Vecchione*

**8. Experimentos sencillos con animales
y plantas** - *Glen Vecchione*

**9. Experimentos sencillos sobre el cielo
y la tierra** - *Glen Vecchione*

**10. Experimentos sencillos
con la electricidad** - *Glen Vecchione*

**11. Experimentos sencillos sobre las leyes
de la naturaleza** - *Glen Vecchione*